怪談社THE BEST
天の章

伊計 翼

竹書房
怪談
文庫

目次

発覚

都内のマンションに住んでいるWさんの長女、Mちゃんが六歳のときのこと。

その夕方、学校から帰ってきた彼女は人形で遊んでいた。

Mちゃんは遊ぶとき「ければいー、けーればーいー」と変な自作の歌らしきものをくちずさむ。それが彼女の癖だった。その横でWさんが洗濯物をたたんでいると、Mちゃんは人形をWさんの顔の前に持ってきて、

「ママ、誰かきたよ。ピンポーン」

そういって手に持った人形を左右に揺らした。

直後にインターホンが鳴ったので、玄関へいくと荷物の配達だった。

「よくわかったね。足音とか聞こえたの？」

荷物を持ったままWさんが尋ねたが、Mちゃんは人形に夢中だ。

残りの洗濯物をたたみながら、Wさんはなんだか変に思えてきた。

いまふたりでいる居間から玄関へいくには、廊下をちょっとだけ歩かなければならないくらいの距離はある。廊下にでるにはドアがあり、そのドアはいま閉まっていた。テレビ

はつけたままで、開いている窓からは道路の騒音が聞こえている。

とても玄関からの足音が、居間まで聞こえるとは思えない。

そういったものを信じているワケではないが、子どもには不思議なチカラみたいなものがあるのかもしれない、とWさんは思った。


夜、Mちゃんと一緒に食事をすませてお風呂に入り、ベッドで寝かしつける。

子ども部屋からでると、いつものように帰りの遅い夫が、台所でスマホをさわって会社の書類に目を通していた。

「……おかえりなさい。ご飯は？　温めようか？」

「いや……食べたからいらない、かな」

Wさんは「あのね、今日インターホンが鳴る前にね、Mちゃんが……」と夕方のことを話す。夫は「へえ、すごいじゃん」と興味がなさそうにうなずいていた。

「どう思う？　子どもってやっぱりそういう超能力？　みたいなのがあるのかな」

「ん……そうかもしれないな。でも、やっぱり聞こえただけだろ、足音がさ」

話を聞いているのかいないのか、わからない表情で夫は答えた。

Wさんは（だから。いま聞こえないはずっていったのに）と寂しくなった。

それから数日が経って、Wさんは Mちゃんと一緒に買い物をしていた。あれ買ってこれ買って、というおねだりをかわしながら歩いていると、Mちゃんが前方をみて「あ、ママ。あのひと、救急車」と指をさす。

救急車？　Wさんがその方向をみると、買い物カゴを持っている肥満の女性が真横に倒れた。すぐに店員が走ってきて声をかけるが、女性は白目を剥《む》いて意識がないようだった。

家に帰って、玩具箱にむかおうとするMちゃんを止め、Wさんは聞いてみた。

「さっきのおばさん、なんで倒れ……じゃなくて、なんで救急車っていったの？」

Mちゃんはすこし面倒くさそうに「えー。だって、いってたから」と答えた。

彼女がいうには、スーパーにいた女性の背中から突然、着物姿のお婆さんがでてきて「救急車を呼んで救急車を呼んで救急車を呼んで」とつぶやきだしたらしい。

しかしスーパーで、Mちゃんは女性とずいぶん離れたところにいた。そのつぶやきが聞こえたとは、どういうことなのかWさんにはわからなかった。

「聞こえるよー。だって聞いて欲しかったみたいだもん」

「じゃあ、このあいだの荷物は？　ピンポン鳴るのわかったでしょ」

「あれは、お外から聞こえてきたの」

「うーん、どういうことだろ。じゃあ、いままで他にどんな声聞こえた?」

「わかんない……あ。けーればーいいーって聞こえた」

「けーればーいい? どういう意味。けえれ? 帰ればってこと?」

「ううん。おまーさって。おまーさ、けーればーって。お姉ちゃんがいってた」

「お姉ちゃん? どこでみたの?」

Mちゃんは「お家だよ」と眉間《みけん》にシワをよせた。

「お家? お家のどこでみたの?」

「だからー、寝てたらー、パパがMちゃんのお部屋にきて『おやすみ』っていったの。こうやってぎゅってして、おっきい目でMちゃんをみて、おまあさ、なーけーればーいいー、おまーさ、なけーればーいーって、お姉ちゃんがパパの足にぎゅっとしてた。こわいお姉ちゃん。パパ帰ってきたら、そればっかり聞こえるよ、おまーさー、けーればいー、おまえさーえ、いーなけーればーいいーのーにーって」

適当なものだと思っていた自作の歌の意味が、このときWさんはわかった。

そこから生まれた疑惑で、夫の不倫が発覚していった。

愛人の名義で部屋を借りて、毎日そこに通っていたようだ。夫は最後まで認めなかったが一年後、Wさんたちは離婚することになった。

いまでも、ときどきMちゃんは妙なことをいうらしい。

黄色

解体業者の男性が先輩と一緒に、廃墟になった団地のチェックをしていた。

かなり大きな団地で、何部屋も並んでいる長い廊下が続いていた。すこし怖い雰囲気だったので、びくびくしながら柱や壁の強度をチェックしていく。

「こんな感じの、奥までずっと続いてる廊下って、なんか苦手なんすよね」

「ああ、ザ・廃墟って感じだもんな。ホラー映画とかでてきそう」

「オレそういうの、本当ダメなんです。悪夢とか、みちゃいそうなんで」

「ははっ。あのさ、映画で黄色のレインコート着てるヤツって絶対に死ぬよな」

「黄色のレインコート？」

「子どもが黄色いレインコート着て出てきたらマジ、フラグ。下水道に引きずりこまれたり、屋上の貯水槽とか登っていったり。ホラーじゃなくても同じ。ほら、あの恐竜がでる映画でも。悪いヤツ黄色いレインコート着てパクッと喰われてた」

「ああ、ジュラシックなやつでしょ。それは観ましたね」

「黄色って多分、縁起が悪いんだよ、きっと。イエローイズバッドカラー」

「そうなんですか。どっかの国、緑はバッドって聞いたことありますけど」

「わかってねえな。時代は緑よりも黄色だよ……お前さ、走るの速い？」

「そうっすね、かなり遅いっすね。ってか今それ、走るのとか関係ありますか」

「いや、黄色がくるからさ。こっちに。オレ先に逃げるわ。ほら、みてみ」

廊下の先から、全身黄色の子どもが笑いながら走ってくる。

墓場の歌

十数年前、Kさんたちが大阪のS山にある霊園へ肝試しにいったときの話だ。

車二台でむかい、霊園の駐車場に到着。車を降りたとたん、歌が聞こえてきた。

まわりには他の車は停まっておらず、Kさんたちだけだった。

目の前には石段があり、そのしたには墓地が広がっていた。

聞こえてくるのは軍歌だ。Kさんたちは「どこから聞こえてくるか調べよう」と石段をおりていった。


石段をおりると軍歌は大きくなった。

はっきりと聞こえるが、なぜかどこから聞こえるのかわからない。

周囲一帯から聞こえるようでもあり、すぐそばのようでもあり――石段をおりきったが軍歌は止むことなく聞こえ続けている。耳をすませながら探したが、いったいどこからなのかわからない。さらに下に続く石段があったのでKさんたちは進んでいった。

また大きくなった。低い声、男たちの合唱だ。

下は芝生の広場になっていた。きっとこの周辺だろう、と右にいってみる。

すると歌声は逆に小さくなった。

こっちじゃないと石段にもどると、声の音量は再び大きくなる。

ならば左へと進むが、歌声はまた小さくなった。

「いったいどこから聞こえるんだ？」

懸命に探したがわからなかった。最もよく聞こえたところは広場へと続く石段だった。

結局あきらめて、Ｋさんたちは車にもどっていった。

あとになって「いちばん低い石段のところで歌がよく聞こえたってことは、墓石のしたから聞こえてたんじゃないのか？」と気づいて、さらに怖くなったという話である。

確認しよう

その夜、四名でこたつを囲んで怖い話をしていた。順番に話をしていると突然、男が現れ、一瞬で消えた。

四人とも躰《からだ》を反らして悲鳴をあげた。

「おいッ、いまの視たかッ」

「視えた！」

「おれも視えたッ」

「すげえッ、このコタツの上に立ってたッ！」

ひとしきり騒いだあと、ひとりがこんなことをいいだした。「待て待て！　なに視たか『せーの』で言うてみよう」

合図と同時に全員で口を開き、視たものを確認しようという意味だ。

「まず男やったか、おんなやったか……いくで。せーのッ」

四人同時に「男！」と叫んだ。「おお！　すげえッ」

「待って！　つぎの質問は『その男がどんな服装をしてたか？』でいこうッ」

「せーのっ！」

四人同時に「スーツ姿！」と叫んだ。

やはり全員が一致していた。

「じゃあ、ラスト！　さっきの男ってこのなかのひとり、指さしてたよな！」

「うん、指さしてた！」

「せーのでオレたちもそいつをさそう！」「じゃあいくで、せーのッ」

四人とも右隣に座っている者を指さしたという。

いってきます

Nさんが若いころの体験である。

彼女は数ヶ月のあいだ、父親とワンルームマンションで暮らしていた。

ある朝、父親が会社にいく支度をしていた。バイトが休みだったNさんは、準備する父親の横で布団にはいって寝ていた。玄関のドアが閉まる音が聞こえ、こころのなかで（いってらっしゃい）とつぶやいた。すると、

「――いってきます」

父親の声が聞こえ、チリン、チリンと鈴が鳴った。

顔をあげて玄関をみると、ドアの郵便受けから父親の手がでていた。自転車の鍵を持ち、Nさんのほうにむけて振っている。

「……いってらっしゃい」

Nさんがいうと手はすばやく引かれ、ぱたんッと郵便受けが閉じた。

しばらくしてから不思議に思えてきた。

あんなところに手、入るのか？

立ち上がり調べてみたが、自分の手すら入らない。
妙に気持ちが悪くなった。
帰ってきた父親に聞くと「自分ではない」とのことだった。

猫が好き

Ｉさんが大学生のころの話だ。

構内を歩いていると同じサークルの後輩に声をかけられた。

「先輩、いま帰りですか。今日は急いでいます？」

いや、急いでないよ、なんかあるの？　とＩさんが答えると。

「サークルに新しく入った子がいるんで紹介しようと思って」

時間もあったのでＩさんは快く返事をした。


教室にいくと、みたことがない女の子がいた。ゴスロリファッションで、いままでのサークルのメンバーとはあきらかに違った雰囲気である。後輩が「ねこちゃーん」とその子を呼びつけた。

「先輩、この子です。ねこちゃんっていいます。ねこちゃん、Ｉ先輩だよ」

「はじめまして。ねこです。よろしくお願いします！」

ねこちゃんは元気よく挨拶をしてくれた。

「よろしく。ねこちゃんって名前なんだ」

「はい、そう呼ばれています！　あたし、猫、大好きなんです！」

「猫って可愛いもんね。私も大好きよ」

「はい！　猫って美味しいですよね！　大好きです！」

（ちょっと不思議ちゃんなのね。食べたいくらい猫のことが好きなんだろうな）

Ｉさんはそう思っていたのだが——。


紹介されてから何日か経ったころ。

Ｉさんが一人構内のベンチに座っていると「あ、せんぱーい！」とねこちゃんが可愛らしい声をあげてやってきた。

「こんにちは！　いいものがあるんですよ、みてください！」

そういってねこちゃんはカバンのなかに手を突っこんだ。

そして子どもの文具店で売っているような、小さなアルバムを取りだした。

「なに？　写真かな」

渡されたアルバムをＩさんは開いた。

まず目に入った一枚目の写真は——猫の死骸だった。

「彼女がいっていた美味しいっていうのは愛情のたとえじゃなく、そのままの意味だったんです」

死骸からはじまったアルバムは凄惨なものだった。猫の死骸から血を抜いているところ、毛を剥《は》ぐところ、内臓を取りだすようす、骨と肉を分けていくようす——。

そして、皿にのせて完成したところまで細かく鮮明に撮影されていた。それも一匹だけではなく、何匹もの猫がさまざまな手法で調理されている「猫料理」のアルバムだった。

あまりの残酷さに頭が真っ白になったものの、Iさんは（案外、皿にのったところは普通の料理と変わらないんだな）と冷静になってしまった。

ページをめくるたびに、ねこちゃんはそのときの状況を嬉しそうに語った。

写真のインパクトの強さにねこちゃんの声は耳に入ってこなかったが、あるページで止まり「これは？」と聞いてしまった。その写真は、おそらくねこちゃんのものであろう、靴が猫を踏みつけているものだった。写真ではその猫が生きているのか、死んでいるのかはわからなかった。

「ああ、猫って踏みつけたら美味しくなるんですよ！」

調理の仕方にもよるけれど、やっぱり鍋が一番ですね、とねこちゃんは笑った。

——ああ、この子は本当に異常なんだ。

Iさんは、かかわらないよう一線引かねばと思った。

さらに別の日、Iさんが花壇で座っていると。

「せんぱい」

ねこちゃんが相変わらず無邪気に声をかけてきた。

Iさんは身構えつつ挨拶をすると、ねこちゃんは少し真面目な顔をして、

「いまちょっとお時間いいですか。話したいこと、あるんです」

ねこちゃんはIさんの横に座って話しだした。

「せんぱい。あたしね、悩みがあって。なぜかはわからないんですけど……いつも、出会って仲良くなりかけたひとたちがみんな、あたしから離れていくんです」

その理由はわかっていたが「それで?」とIさんは話をうながした。

「せんぱいとあたし最近、仲がよくなったじゃないですか。でも先輩も離れていってしまうと考えると……やっぱりイヤなんです。だからね、あたし……先輩ともっと距離おこうって思うんですよ」

こちらから距離をおこうかと思っていた矢先だったので、Iさんは答えた。

「……そうだね。そのほうが、いい関係のままかもしれないね」

わかってもらえたと、ねこちゃんは嬉しそうに笑った。
そのままふたりは世間話をしていた。お互いすこしぎこちないが仕方がない。
(この子はこの子で、きっと苦労しているんだな)
同情的になりはじめたIさんだったが、ふと妙な感覚に襲われた。
「なにかがヘンだと思ったんです。日常に無いものがすぐそばにあるというか……」
いったいなんだろうと、相づちを打ちながら、ねこちゃんを観察した。
ねこちゃんは足をそろえてIさんと同じように花壇の縁石に座っている。
位置はIさんの右側、両手をひざの上にそろえている。
もう片方の腕で体重を支えるように縁石に手をついていた。
「えッ」
Iさんは目を凝らした。ひざに両手があり、左手は縁石に――。
ヒジでわかれて左腕がふたつ、腕が全部で三本あった。
「きゃああッ!」
Iさんは悲鳴をあげて、立ちあがり後ずさった。
ねこちゃんはすっと無表情になった。
驚きのあまり口を押さえて動けずにいるIさんにむかって、

「……もう授業があるから、いきますね」

ねこちゃんはそうつぶやくと立ちあがり、背中をむけて去っていく。

去っていく彼女の腕は二本にもどっていた。

Iさんは自分のみたものが錯覚とは思えず、寒気が止まらなかった。

「でも、いま思いかえしてみると怖かったのは、腕が増えたことだけじゃないんです。いや、もちろん、それも怖かったんですが『もう授業があるから、いきますね』って、歩いていく彼女の背中をみてたら……ねこちゃん、急に立ち止まり振りかえって——あの無表情の顔のまま私にこういったんです」

——みんなも、ねこ、たべたら、こわくないのに。

それからしばらくして、ねこちゃんは学校にこなくなったという。

横にいる

「そういえば、ゆうれいかもしれんもん、いっかいだけみたわ」

Wさんが友人たちと、廃屋にいったときのことである。

殺人事件があった（とされる）ところで、山道にたたずむ家だった。

車を停めてその家に入り、ぼろぼろの畳の間で車座になり、Wさんたちはしゃべりたくっていた。壁も屋根もところどころ崩れていたので、外からの風が心地よかった。

「ここお化けとかでるんかな？」

その程度の会話はあったが、肝試しのような雰囲気でもなかった。

結局、何時間もおしゃべりに興じていた。

明るくなってきたので、Wさんはあくびをしながら「そろそろ帰ろうか」と立ちあがって背伸びをした。あわせるように友人たちもみんな立ちあがる。大きなあくびをしたWさんが目を落として足元、座っていた畳をみた。一緒にいた友人も、同じタイミングでWさんと同じものをみたのだろう、同時に悲鳴をあげた。

つい、いましがたまで自分が座っていた横に――見知らぬ老人がいた。

ひざを抱えて座ったまま、じっとこちらを見上げている。

すぐに全員その場から逃げだして、外の車に飛び乗った。

「あの爺さん、いつからおったんか……それがわからへん。何時間も黙って動かず、オレの横におったって考えるだけで、じゅうぶん人間っぽくないと思うんやけどな」

噛う住人

ある日、Nさんの家に警察官が聞きこみにやってきた。

「すぐ前に住んでいる男性と、最後に逢ったのはいつごろでしょうか?」

むかいはボロボロの平屋だったが、廃屋ではなかった。

家族に先立たれた若い男で、ひとりで暮らしていたのだ。

「実は彼らしき人物が、数ヶ月前に公園で餓死しているのが発見されまして——」

よろしければ遺体の写真を確認して頂けませんか、と警察官は頭をさげた。

写っていたのはガリガリに痩せ細った男で、間違いなくむかいの家の住人だ。

しかし「そんなはずはない」とNさんはかぶりを振った。

なぜなら——。

Nさんが町まで買い物にいった帰り道。家に入る前に、むかいの家をみる。いつものように、退屈そうに窓際に座っている男がいた。

「アンタ、仕事みつかったんか?」

男は苦笑いを浮かべて会釈していた。

「ちゃんとしいや。もうアンタひとりで生活せなアカンのやからな」

いつもと変わらずそのように話しかけたのが、午前中のことだったのだ。

窓際に座って嗤《わら》いかけてきたのをNさんは確かにみたのだ。確かめるため、Nさんは警察と一緒にむかいの家を訪ねた。がらんとした屋内には誰もいなかったという。

それからもNさんはその男をみかけた。

彼をみつけると、怖いので目をあわせないように下をむいて歩く。それでもときどき気になってチラリとみてしまう。むこうはいままでと同じようにただ窓際に座っているだけだったが、もう嗤ってくれなくなっていた。

狭間

Yさんが中学生になったばかりのころ。

昼休みにプロレスごっこのような、取っ組みあいをして遊んでいたという。

「変に夢中になっちゃって。きゃっきゃ笑いながら戦ってましたよ」

友達のひとりがうしろからYさんを羽交い締めにして、ぐるぐると振りまわす。

出っ張りになっている壁のそばだった。そこに運悪く頭部を強打した。きぃん、という耳鳴り、力が抜けて目の前が暗くなり躰がしびれて、そのまま意識を失ってしまった。


気がつけば夜の校舎だった。

まさか、あのまま誰も起こしてくれなかったのかとYさんは驚いた。まわりにはひとの気配はなくYさんひとり。一体どうなっているのか、起きあがって確かめた。

妙なことに倒れていたのは、遊んでいた場所と違うところだった。

Yさんたちが遊んでいたのはロッカーの前。つまり一階の校舎入口だ。ところがいまいるのは、おそらく三階、違う学年の教室が並んでいる廊下だった。

当然、なぜこんなところに移動させられているんだ？　と不思議に思った。

仕方なく立ちあがり、真っ暗な廊下を階段にむかって歩く。

がたッ、がたがたんッという突然の物音に、Ｙさんは驚いた。

すぐ先の教室から聞こえたような気がした。教室をのぞくと、天井から足がふたつ伸びていた。そして、小刻みに動く両手――見知らぬ生徒が首を吊って痙攣《けいれん》していた。

「わあッ！」

Ｙさんは悲鳴をあげて廊下を走りだした。

「誰かッ、誰かいますか！」

大声をだしたが返事がない。誰もいない暗い廊下が延びているだけだ。

必死に階段をおりて一階のロッカーから外にでた瞬間――目が覚めた。


Ｙさんは保健室で先生と友だちに囲まれていた。

気絶しているあいだにみた、ただの夢だったのだ。

安堵したＹさんは夢の内容を話した。

「そりゃ怖い夢だな。まあ、本当にそんなことになったら大騒ぎだけどな」

先生はそういってＹさんが無事だったことを喜んでいた。

問題はその日の夜、三階の教室で首吊り自殺をした生徒がいたということだ。

泥棒がいる

おもに関西で怪談イベントを開いていたころの怪談社の話である。

ある年、新大阪駅の会場で怪談イベントの準備をしていた。段取りの打ちあわせや、照明などのリハーサルが続くなか、突然スタッフのIさんが妙なことをいいはじめた。

「みんな、サイフ持ってる？　持ってる？　なくしたらアカンで」

Iさんは全員に注意をうながしていた。ぼくもポケットを確認してから、

（サイフか。迷惑になるから、なくさないようにしなきゃな）

そんなことを思ったくらいは覚えている。


イベントは盛況のもと終了したが、あとになってこんな話を聞いた。

本番がはじまる前、怪談師は会場側の職員から声をかけられた。

「面白そうなイベントですね。そういえば、ここもゆうれいがでるんですよ」

ステージ裏から楽屋までの廊下に、スーツ姿の男性が現れることがあるという。

怪談師は（まあよく聞く話でもあるな）程度にしか思わなかった。

そのあと楽屋で怪談師とIさんはふたりになった。

「ホンマにサイフ持ってないん？　なくしたらアカンから、わたし持っとくで」

「……さっきから、なんやねん。サイフサイフって」

「違うねん。さっき、この楽屋の前、廊下に泥棒みたいな人おってん」

泥棒と聞いて怪談師は「どんな奴やった？」と尋ねた。

「なんかスーツ着て廊下でひとり、ぼーっと立ってる人。あれ絶対、泥棒やで」

「……スーツか」

怖がらせないよう、怪談師はIさんになにもいわなかった。

会場のスタッフにも怪談社の者たちにもスーツ姿の「人間」はいなかった。

店にいるおんな

大阪府豊中市のスナックで働いていたHさんの話である。

その店ではときどき「トイレに、ゆうれいがいた」などといいだすお客がいた。

ドアを開けたほんの一瞬、背中をむけた女性が立っていたというものだった。

勤めている女性はみんな怖がっていたが、ママはお客にむかって「そんなん、気のせいやがな。ビビりやなあ」と鼻で笑い飛ばして、気にしているようすはなかった。

それでも同じことを何人かがいうと、ママは顔を引きつらせながらいった。

「いいことやないの。霊がいる店は繁盛するねんで」

怖いのを誤魔化しているようにHさんにはみえたそうだ。


ある夕方、Hさんが自宅で出勤の準備をしているとママから電話がきた。

「ごめんやけどな、用事があるからひとりで開店準備をしてくれんか」

頼むで、と一方的に電話は切れた。

仕方がなくHさんは、はやめに店にむかうことにした。

店に到着したHさんはシャッターをあげて、ドアに鍵をさしこんだ。

ガラスのドア越しに店内をみると——誰かが薄暗いカウンターに座っていた。

女性がふたり、並んで座っている。

まったく同じ服で髪も同じ。まるで鏡のようだった。

Hさんは驚いて、鍵をさしこんだ中腰の体勢のまま動けなくなった。

するとドア側に近い女性が、ゆっくりと首をまわして、Hさんのほうへ顔をむけた。

ぐちゃりと両目がつぶれていた。

（え？　これなに？　ママの冗談？）

真っ青になった彼女にむかって女性は、にたあッと笑いかけてきた。

それをみた瞬間すぐに逃げだして、ひとが多い商店街で震えていた。


一時間ほどして、怖々と店にもどった。

次にきたホステスが開店準備をしてくれていた。

「どうしたんですか？　顔、真っ青ですよ」

Hさんは怖くてなにもいえなかった。

しばらくするとママが店に現れて、ささやくようにHさんに尋ねてきた。

「なにかみた？」

うなずくと、ママは「実は……」と話しはじめた。


昨夜、お客もホステスも帰ったあと、ママがひとり片付けをしていた。

電気を消して、外にでて扉の鍵を閉めた。

シャッターをおろそうとしていると、ぱッとトイレの電気がついた。

（え？　誰かおるん？）

シャッターを止めて扉のガラス越しに目を凝らした数秒後、乱暴にトイレのドアが開いた。目のつぶれたおんなが左右のてのひらをママにむけて、勢いよく走ってくる。げたげた笑っていた。

「きゃああッ！」

ママは悲鳴をあげながらシャッターをおろした。

家に帰ってからもおんなの顔が頭から離れず、布団のなかで震えていた。

結局、開店準備をするのが怖くて仕方がなかったので、Hさんに頼んだらしい。

関係があるのか、しばらくしてママは店を閉めてしまったという。

「私がみたのはふたりでした。顔をみたのは片方のおんなだけですが……」

もうひとりも同じ顔だったのですかね、とHさんは苦笑いをした。

埃が舞っていた

Kさんが中学生のころの話である。

夏、自宅の二階で扇風機の風に当たりながら昼寝をしていた。

汗だくで目を覚ます。自分にだけむけられていた扇風機が首を左右に振っていた。いつの間にか横に並ぶように、Kさんの祖母が眠っていたのだ。扇風機の首を振らしたのも祖母だろうとすぐにわかった。

Kさんは台所でなにか飲もうと立ちあがり、階段をおりていった。

一階の居間をみると、ベランダの戸はすべて閉まっていた。

ガラス越しに入ってくる強い日差しが、部屋を明るくしている。

そのまま居間を通って台所に入ると、冷蔵庫を開けてお茶を取りだし、ごくごく喉を鳴らしながら飲んでいた。

ずずずッ。

すぐ横の居間でなにかを引きずるような音が響いた。

台所から居間を見渡したが、特になにもない。

気にせずに再び二階にあがろうと、居間を横切った。

先程と違って居間のなかが涼しくなっているような気がした。日差しのなかに、きらきらと埃《ほこり》が舞っているのもわかった。階段にむかって歩いていると、ぞくりとするような寒気を感じて、動きを止めた。

（誰か――いる）

この居間のどこかで、誰かがKさんをみつめているように思えた。

目だけを動かしながらKさんはようすをうかがった。

ただ埃がきらきらと舞っているだけだ。

気のせいかと思ったとき、上からバサッとなにかが垂れてきた。

真っ黒の長い――髪の毛だった。

見上げると天井板が一枚ずれており、そこからおんながKさんを見下ろしていた。

ぶわっと寒気が走ったKさんは、階段を駆けあがっていった。

眠っている祖母を起こして「大変やッ」と声をかけた。

「ばあちゃんッ、下に誰かがおるッ」

「……はあ？　おらんよ。アンタなに言うてるんや。みんな、でかけたわ」

「違うねんッ、おるねん！　誰もおらんかったけど、おるねんッ」

「なにを言うとるんや。夢見ただけやって」

「いいから、起きてッ、一階みてきてッ」

腕を引っぱって無理やり躰をおこした。

寝起きの祖母は機嫌悪く「この子、アホちゃうか」と文句をいいながら渋々と階段をおりていく。Kさんは階段の上から震えながら祖母をみていた。

「ばあちゃん、おったやろ？　おるやろ」

すぐに祖母は階段の下にもどってきて、ため息をつきながらいった。

「誰もおらんわいな。いい加減にしいや。なに寝ぼけてるねん」

「おるって！　あ！　ばあちゃん、天井やねん！　天井みてやッ」

Kさんは必死に階段の上から指示をする。

「……だから誰もおらへんって。あんたコレなんや？　直しや」

「コレ？　コレってなんのこと？」

「もういいから、おりておいで。コレや」

震えながら階段をおりて祖母の指さす天井をみる。

天井板が一枚ずれて、中二階の梁が丸見えになっていた。

——やはり、おんなはいたのだ。

Ｋさんは祖母に説明するがわかってもらえず、仕方なく手を伸ばし天井板をもどそうとした。

ずずずッと音を立て、簡単に板はもどった。

第五號室

京都のある産院での話だ。

戦後、疎開から帰ってくるひとたちのことを考え、Hさんは産院を営むのを決心した。当時の京都では産院の数がすくないこともあり、学んだことをすこしでも活かせればという思いからでもあった。幸い父親の残した土地と遺産があったので、それを活用して入院設備のある産院を作ることができた。

復興も進んで街が賑わいをとりもどし、Hさんの女性産科医としての毎日がはじまった。開院してすぐに忙しくなったが、それも比較にならないほど数年後には止むことなく妊婦たちが来院するようになる。

Hさん自身も合間に結婚して子を授かったが、人手不足から妊婦が妊婦を診るといった状態になる。自分以外の産医も雇ったが甘えることができる状況でもなかった。一階が生活場所で二階が診療所だったので、緊急の際はすぐに動くことができた。忙しかったが充実した日々でもあったという。

「アンタんとこ、ゆうれいでるってホンマ？」

ある時、知人からそんなことをいわれた。

「誰からそんなこと聞いたん？」と聞きかえしたが「噂で聞いた」と知人は頭をかいた。

確かにHさんの医院は繁盛しており、旦那と子どもを養えるほどにもなっていた。そこをつかれて、ときおり嫌な陰口を耳にすることもあった。

よりによって命が産まれるところでゆうれいだなんて——。

Hさんは動揺することなく「根も葉もない噂やで、みんな笑《わろ》うて赤ちゃん抱いて帰りおるわ」と笑顔で答えていた。


ある冬の夜のことだった。

手伝いの産医さんが帰ったあと、Hさんは遅めの食事をすまして薄明かりのなか、火鉢で温まりながら読書にふけっていた。隣の部屋では旦那は鼾《いびき》をかきながら、幼い子どもはすやすやと寝息を立てながら休んでいる。その日は予定外の仕事が入り、長い時間外に出ていたせいか、眠気がくるのが遅かった。外は朝からぽつぽつと降っていた雪がすこし強くなっていたようで、京の町を白く染めだしていた。

Hさんは本から顔をそらした。ぎし、ぎし、と階段がきしむ音が聞こえてきたのだ。

それは「バレないように気配を殺している」ような感じの音だった。

気になって立ち上がり受付、つまり玄関にむかった。

戸を開けると階段が見える。そこには、おりようとしている影があった。

もうひとりの産医が担当した患者で、出産したばかりの、二階に入院している女性だ。

女性は「あ、あ、あの」となぜか動揺している。

問題はその姿にあった。

服を着込んで肩に鞄をぶらさげ、腕には産まれたばかりの赤子が抱かれていた。

女性はHさんをみて、ビクビクしながらいった。

「や、夜分遅くすみません。い、家もすぐそこなので、どうかこのまま帰らせてもらってもよろしいでしょうか?」

Hさんは驚いたが、慌てずに女性を居間に通そうとした。

この時間にその姿で帰ろうというのはどう考えてもおかしいが、かといって頭ごなしに叱るわけにもいかず、Hさんはとりあえず話をしようと思ったのだ。

しぶしぶだったが、女性はなんとか居間に入ってくれた。

明かりのなか、改めて女性の顔をみるとハッキリ誰か認識できた。

知人から紹介されてきた娘で、出産まで京の知人の家に泊まっているという子だった。

その泊まっている家はここから決して近くはない。

嘘をついてでも、歩いて帰るつもりだったのだろうか――。

抱かれている赤子は手を伸ばし、ぐずっていた。

Hさんはいままでの経験から、旦那や家族に問題がある女性が突飛な行動にでることが多いのを知っていたので、理由を無理やり聞かずゆっくり説得しようとした。

「赤ちゃんは産まれたばかりよ。明日にしなんせ」

「朝迎えの連絡をしたらすぐきてくれるやえ」

「旦那や家族に会いとうなったか」

「大丈夫や、皆、産んだあとは心が弱まるから」

そう説得しようとするHさんにむかって、女性は震えながら声をだした。

「ここゆうれいがいます……部屋におると、のぞいてくるんです……」

Hさんは耳を疑った。

いままでそのような噂は聞いたことがあっても、入院している人から直接いわれたのははじめてだった。それでもHさんは落ち着いていった。

「そんなものおれへんよ、ひと仕事終えた躰やから疲れてんねん。見てきてあげるからここで待っときそれでも怖かったら、ここで赤ちゃんと寝たらええ」

そういうとひとりで二階へむかった。

階段をできるだけ静かにあがった。

他の入院している女性たちを起こしたくなかったのだ。

いま、一階の居間にいる女性がいた部屋は、ドアが開いたままになっていた。

ここやな、と部屋番号を見ると「第六號《ごう》室」とある。

豆電球を点けて中を隅々までみるが、やはりこれといってなにもない。

下にもどろうと思ったそのとき——。

【があぁぁぁあッ！　がぁぁあぁぁあああッ！】

轟音が響いてきた。Hさんはその音量の凄まじさに身を縮ませた。両耳をふさぎ身動きが取れない。膝が震えだして立ってすらいられなかった。

『アンタんとこ、ゆうれいでるってホンマ？』

『ここゆうれいがいます』

知人と女性の言葉が思いだされる。

まさか本当だったとは——。

そう思わせるほど、いままで聞いたことがない音だ。

ほかにも入院しているひとがいるのに、どうして誰も起きてこないの?

涙が溢れだす。

この音は怖いッ。怖いッ。

どれくらい続いただろうか。音は突然、ぴたりと止んだ。

そして止んだときにわかった。

音の消えかたから察するに、隣の第五號室から聞こえていたようだ。

Hさんは恐る恐る耳から手を離すと、いまだといわんばかりに部屋を飛びだした。

階段をおりようと一歩足をかけたとき、一つの可能性が浮かんだ。

――動物か。動物の鳴き声か。もしやなにかのはずみで動物、野犬のような生き物がはいりこんでいたら? 音ではなく「鳴き声」だとしたら――という考えだった。

他の患者が、部屋からでてこなかったのは動物の声に怯えているから?

もしもここで下手に皆を起こし、避難させているときに襲われたら?

そう思うと放っておけない。

(確認しなければ)

第五號室の前までいくとHさんは震えを止めてドアに手を伸ばそうとした。

そのとき、再びあの恐ろしい声が響いてきた。

【あぁぁがぁぁあぁぁあッ！　があぁぁがあぁがあぁがあッ！】

途端にまた身がすくむ。

力が抜けてしまう効能を持つように、やはり立っていられない。

（逃げることができへん！　耳を押さえな！）

膝が震えだして曲がっていく。汗が噴き出して涙がでてくる。

これはいったいなんなのだ。

鳴き声で身動きができないなか――Hさんの目に入ったものは、ゆっくりと開いていく第五號室のドアだった。そのあいだも声は続いている。

部屋のなかの暗闇がみえてきた。

同時に小さな赤い光がふたつ浮かんでいるのもわかった。

動物？　それとも――？

大きく目を見開きその正体を確かめようとした。

それはしゃがんでいるHさんの目の前にぬうっと現れた。

子どもだった。

それも焼けただれた子ども。目を赤く光らせ両手を伸ばして、Hさんのほうへ近づいてくる。唇のない口が歯を剥きだして開かれ、凄まじい声を発していた。

それをみた瞬間、Hさんは尻もちをついた。同時に焼けた子どもの両隣から同じような子どもが何人も現れて、Hさんにつかみかかってきた。

「きゃあああッ、イヤ！　イヤ！」

Hさんは悲鳴をあげて立ちあがった。

子どもたちは第五號室の奥から列をなして現れ続けた。

そのひとりひとりが声をあげていた。

「いやあああッ、助けて！　誰かッ、助けてッ！」

Hさんは叫んだが、階段まで押されて、そのまま一階へ転げ落ちていった。


目を覚ましたのは居間だった。

旦那と幼い息子が心配そうにみつめている。

Hさんの悲鳴と転げ落ちる音が建物中に響き、旦那は飛び起きたらしい。

急いで階段にいくと、気を失っている妻をみつけたという。

階段の上には、起きてきた他の患者たちが心配そうにHさんをみていた。

Hさんはなにがあったか必死に説明をした。

しかし旦那は「そんな轟音は聞いていない」と信じてくれなかった。

居間に待たした女性を思いだした。

「あのひともみてるはずや。聞いたらいい……あれ？　あのひとは？」

居間で待っていたはずの女性は、Hさんが二階にいっているあいだに産院をでていったらしく、赤子と共に姿を消していた。


眠れない夜が明け、Hさんがみんなの朝食の準備をしていた。

玄関を開ける音と共に、怒鳴り声が聞こえてきた。

受付の場に着物の男が立っていた。

その男性は昨夜のいなくなった女性の知人だった。

「今朝、はやい時間にあの子がもどってきた。すぐに部屋の隅で震えて何も言わん。お前のところは患者をどういう扱いして、何時に帰しとるんじゃ！」

Hさんは信じてもらえないのをわかっていながらも、昨夜のことを説明した。

やはり男性は「そんなことあるわけないやろ、だいたい――」と首を振った。

「本当なんです。あの子自身もそう言って……」

男は手を前にだし、Hさんの口を止めると続けた。

「あの娘は死産や。赤ん坊を抱いているはずない。ひとりで帰ってきたんやぞ」

そのあと、出勤してきた産医にも話を聞いた。

Hさんが外出しているあいだに女性のお産がはじまり、赤子は確かに死産だったそうだ。

だが、Hさんはあのとき居間で女性の腕で、ぐずっている赤子を目にしている。

いったいどういうことなのだろうか、Hさんは混乱した。

お寺に連絡する時間ではなかったので、遺体はまだ医院にあると産医はいった。

「いま、どこにいるの。亡くなった赤ちゃん」

「空いていた部屋、第五號室です」

すぐにHさんは産医と一緒に確認したが、赤子の遺体は消えていたという。

見つめる人形

ある地方にある人形供養の神社。そこで神主をしているMさんは妙なことをたくさん体験していた。いちばん怖かったのはなんですか？　と聞くとこんな話をしてくれた。

もうずいぶん前の話。

ある日、境内の掃除をしていると宅急便の業者がきた。

サインをすると荷物が入っている箱を渡される。

両手で受け取った瞬間、ぞわっと寒気がMさんを襲った。

このなかにはなにかとんでもないものが入っている、と感じた。

怖くて開けられない。

「もちろん、人形だってわかりました。この神社ですから。ただ怖いんです。ひたすら、なぜか理由はわからないが、怖い」

そんなことは初めてだったMさんは、巫女《みこ》を呼んで開けてもらった。

段ボールのなかには木の箱が入っており、そのフタを開けると女の子の木目込み人形ができた。人形の上に手紙が添えられている。

『いきなりこのようなものを送る無礼をお許しください。ただ、どうしたらいいかわからず、そちらでご供養をとの一心で送らせて頂きました』

そこから始まる手紙には、次のような事情が書かれていた。


事の発端は私の友人Ｆです。

久しぶりに再会したＦはすこし痩せているようにも思えたのですが性格は相変わらず優しく、おっとりとしていました。私が結婚したことをいうとＦはすぐに、

「お子さんはいるの？」

そう聞いてきました。うん、子どもは一人、娘がいるよ。そういうと笑って、

「そう、それは良かったわね、じゃあ今、幸せなんだ」

すこし違和感があったのを覚えています。その時は、

（別に子どもがいたら、必ず幸せっていうわけでも……）

そんなことを思いましたが後日、この時の違和感の正体がわかりました。

Ｆはずっと独身だったわけではなく、一度籍を入れていたことがあったのです。

その男性とはだめになったということ、理由がFは子どもを産めない体であったのが発覚したこと、と聞かされました。

私は学生の頃から彼女のことを知っていたので同情し、とても悲しい気持ちになってしまいました。辛かったね、と。ほかの相手なら子どもを持つということが必ずしも幸せに繋がるわけじゃないと欺瞞《ぎまん》のようなセリフもいえたのでしょうが、Fはどうみても家庭向きな女性で、その性格がどうしても良い母親になるのを予感させてしまう人だったのです。

思わずなにか私にできることない？　と聞くと、Fはすこし困った顔で考えてから遠慮がちに笑い、いいました。

「今度、娘さんに会いにいってもいい？」

娘はもうすぐ五歳になるのですが、甘えん坊で夜中になると「ママ、トイレ、いっしょにきて」と必ず私か亭主を起こします。

そしてドアを閉めずに、ひとりはイヤだからみてて、と用を足すところを見させるのです。もちろん、夜中に起こされて楽しいはずはありません。でも子どものちょこちょことした動きというのは妙な力があるもので、小さな声で息を吐きながら、おわったよ、とトイレから出てくるのは可愛いのです。そのことをいうとFは、頭で想像をしていたのか、まるで自分のことのように笑ってくれました。

はじめて娘に会ったFは意外に困っている様子でした。思えばFは小さな子どもと触れ合う機会がいままでなく、接し方がわからなかったのでしょう。その上、娘は人見知りでしたのでFと娘の間には距離がありました。ほら、ちゃんと挨拶しなさい、と娘にいうと小さな声でぼそぼそとFに名乗ります。Fはたかだかそんなことが、とても嬉しかったようで今までみたこともない喜びようでした。娘がFの横を通る度に、Fは娘の髪に触りたかったそうです。でもFは遠慮のようなものがあったのでしょう。その時は娘に触れることすらありませんでした。

次にFが遊びにきたのは二ヶ月近く経ってからです。娘があの短い時間だけ一緒にいたFのことを覚えているかどうか、心配するほど期間があいていました。FはFで娘と仲良くなる作戦を考えてきたのです。

それは通信教育での習い事「人形作り」でした。娘にプレゼントするために人形作りを習い、そして完成させてきたのです。おそらく何体も作り練習したのでしょう、その人形は私が見ても立派なものでした。

娘にそれを渡すと、娘も人形を見て大喜びでした。

おねえちゃん、ありがとう！　そういうとFに抱きついたのです。Fはびっくりしていましたが、大事にしてねといいながら嬉しそうに目を瞑って抱き返していました。

Fは「小さな子どもになにかをあげたことがないのでなんとかやってみたけど頑張って良かったわ」といっていました。でも、その人形はFの生涯で子どもに渡す最初で最後のプレゼントになったのです。


Fはそれから何度も家に遊びにきてくれました。私は家事や家でしなければならない書類の仕事があったのでその間、娘の面倒を見てもらえるのはとても助かりました。娘もFにとても懐いてくれたので、Fがこない日などは、

「おねえちゃん、今日はこないの？　三人であそびたいのに」

不満げにしているくらいです。

三人というのは私のことではなく人形のことでした。

特に名前を付けているようではなかったので「お人形さん」という名称だったようです。

Fはくる前に必ず電話をかけてきてくれるのですがFからでなくても、電話を切ったあと、娘は「今のおねえちゃん？　今のおねえちゃん？」と聞いてくるのです。

だからこそ、あの訃報は余計に胸が詰まってしまったのです。

その電話はFが交通事故にあったという知らせでした。手をつけられる状態ではなく即

死に近かったそうです。電話を切ったあと、震える私に娘が聞いてきます。

「今のおねえちゃん？　ねえ、今の電話、おねえちゃん？」

葬儀には娘は連れていきませんでした。死を理解できるとも思えなかったですし、私がFなら娘に泣いて欲しくないとも思ったからです。

葬儀の合間にFのお母さんに話しかけられました。Fは私のことも娘のことも話をしていたようで、

「あの子、最近あなたの家に遊びにいくのがとても楽しみだったみたいで。あなたが気をつかって家に招いてくれたこと、とても喜んでいたわ。本当にありがとう」

頭を下げられ、私は大粒の涙をこぼしました。


ひと月半ほど過ぎてからでしょうか。家で妙な気配を感じだしました。

葬儀からしばらく経ってから娘に、

「おねえちゃんはお仕事で遠くにいってしまったの。帰ってくるまでお人形さん大事にしなきゃいけないから、箪笥の上に飾っておきましょうね」

「持ち歩く人形」を「飾る人形」に変えました。そうすれば娘が人形で遊んでいるところを見て、私がFを思い出し悲しむことが少なくなると思ったのです。

その人形は、いつもリビング兼寝室として使っている部屋の襖《ふすま》を開けると対面するように飾っているのですが、傾くのです。立つように作られてないのかもしれません。傾くというより正面ではなく右を向いたり、左を向いたりしているように見える。

やはり、ある程度の大きさの人形が向きを変えると案外目立つもので、私はその度に人形の向きを直していました。あまり頻繁に傾くものですので箪笥の歪みを調べたくらいです。なぜかわかりませんでした。

そして人形を飾って間もなく気配がはじまったのです。

気配といっていいものか。視線が近いかもしれません。

こちらに目配せしているような、そんな視線を人形から感じるのです。

ひとの形を模して作られているのだから、頭があり目が付いている。視線のように感じるのも無理はない、とわかっていました。ただ、そういうのとは違う感覚、思わず振り返ってしまうような、そんな存在感だったのです……。

ある夜、かたかたという音で目が覚めました。

みると娘がいません。

驚いて体を起こすと台所が光っています。

冷蔵庫のドアが開けられていて、娘がごくごくとお茶を飲んでいました。

冷蔵庫を閉めると、半分目を瞑ったまま、私の前を通過して、おしっこ、と一言、トイレの方に向かいます。

ひとりで夜、トイレにいけるようになったんだ、と思っていると、かたかた音がします。

振り返ってみると、人形が動いて左を向いていくではありませんか。

「ああっ！」

思わず声を出してしまいました。それでも人形はお構いなしに、かたかた、かたかた。

音を立てながら動いていきます。動きを止めるとその視線の先は、トイレの方向だったのです。私は電気を点けて亭主を起こし大騒ぎしてしまいました。

「人形が動いた、勝手に動いたのッ」

亭主は驚きつつも困っていました。

娘が戻ってきたので——私は人形が動いたということを、今考えれば親なのに恥ずかしいのですが、興奮してしまい娘にいったのです。

するとと娘はこう答えました。

「うん。しってるよ。お人形さん、まいにち、みてくれてるよ」

布団に戻ろうと歩きだすと、私たちの目の前で、箪笥の上からかたかたという音が再び鳴ったのです。

それからは眠れない夜が続きました。対処の仕方がわかりません。捨てようとも思いましたが、なぜかそれはできないのです。

夜はかたかたという音で目が覚めて眠れません。

人形は娘がトイレに行く時に動く、ということではないこともわかりました。

娘が動いた時、人形が動くのです。

トイレに行こうがお風呂に行こうが娘が遊びに行こうが部屋を移動しようが寝返りを打とうが。その時に動くのです。

娘をまさに「見守っている」のです。

ただ――私でも感じることがあります。

この人形はFではありません。なにか違うものが入っているのです。

それがなんだかはわかりませんが、その「Fではない」感覚が怖いのです。

Fが作った時か、死んだ時か。

なにかがなかに入ったのです。

そして、いつまでも方向を変えるだけの人形じゃない気がするのです。よく意味がわからないかもしれませんが「この人形である必要がない」ということさえ感じて怖いのです。

ある知人からそちらの神社のことを聞いて、送らせて頂きました。一方的な手紙と勝手なお願い本当に申し訳ございません。住所も名前も書かないという無礼をお許しください。私はただ、ただ、恐ろしいのです。


手紙を読み終えたMさんは、人形が入った箱のフタをそっと閉めた。

人形は供養して、箱ごと燃やしてしまったという。


数年後のある夜、Mさんがでた電話の相手は友人たちだった。

「今からなあ、オレら神社遊びにいくから、なんか怖い話聞かせてや」

酒も入っているようだった。

休もうと思っていたMさんは腹が立ち、逆に本気で怖い思いをさせてやろうと、本殿をわざと怖く飾りたてた。なにせ人形は山ほどある。

やってきた友人たちを本殿に招き入れて、ロウソクを灯した。

さあ、とびっきり怖い話をしてやろうと「見つめる人形」の話をはじめた。

話が進むにつれて友人たちの顔は青くなった。Mさんが続ける。

「トイレから帰ってきた娘に人形が動いたことを言うと――」

急に友人たちが立ち上がった。

「き、急用思いだした、か、帰るわ」

そういうと話の途中にもかかわらず、帰っていった。

Mさんは怖がらし作戦が成功したと思った。

ところが後日、電話で聞いたところによると、Mさんの話が進んでいくと妙な音が鳴り響いてきたというのだ。

かたかた、かたかた。

友人たちが（さっきからなんの音だ？）と音のする方向に目をやると、Mさんのうしろにあった人形の一体が、かたかた音を立てて動き、振り返ろうとしていた。

それを見て帰っていったという。

Mさんは数年前に供養を済ませ、確かに燃やしたあの人形を思いだした。

そして、あの手紙に書かれてあったことも。

「人形作り」

「おそらく何体も作り練習したのでしょう」

「この人形である必要すらない」

あのときの手紙に書かれた言葉が浮かんできて、なにかのキーワードのように思えてきた。本殿を見渡すと不安が芽生えだす。

なにせ人形は山ほどある。

開けるな！

ある夜、Ｅさんがアパートの部屋でくつろいでいた。

「深夜の二時はすぎていました。テレビで心霊番組がはじまっちゃって……みる気はなかったんですけど……」

なんとなく全部みてしまったのだという。

すっかり怖い雰囲気になっていたが、休日前ということもあってまだ眠りたくはなかった。音楽を聞きながら漫画を読んでいると――。

カンッ。

窓ガラスからすこし大きめの音が聞こえた。

「いや、なにもなかったですよ。でも一瞬、ほんの一瞬だけ……」

くもりガラスのむこうに、白いものが離れていくのがみえた。

ひとの手だったように思えて怖くなった。

Ｅさんは明るい音楽でもかけようとＣＤラックに目をやった。

するとまた、カンッ。

再び音が聞こえたので、すぐに窓に目をやると――。

「細長い指、です。明らかに女性の手でした」

今度は窓に女性の左手がゆっくりと貼りついた。

「僕の部屋は二階だったんで。その窓には立てる足場なんてないんですよ。怖かったんでしょうね。ごまかすために、彼女も女友達もいなかったのに……」

こんな時間に驚かしにくる女性は誰カナ？　などとふざけたことを考えていた。

けれど実際にいま、目の前で手がくっついている。やはり誰かいるのだ。

声をあげる間もなく、ガラスのむこうでなにかがまた動いた。

貼りついた左手の横に、また白いものが近づいてきた。

「右手です。窓に近づき爪がガラスに当たって、カンッと音をだしたんですよ」

窓には女性のものと思しき左手と右手が貼りついていた。

そして、ゆっくりと――両手のあいだに顔が浮かびあがってきた。

「髪の長い女でした、寒気が走りましたね」

顔は下からあがってくるように近づいたのではなく、水平に近づいてきた。

冷や水を浴びたようにEさんは固まった。しばらくすると、顔と両手は貼りついたときと同じように、ゆっくりと窓から離れていった。

それは数秒ほどのことだったが、Eさんはもっと長く感じた。

「いま、自分がみたものが信じられませんでした」

意外にも恐怖心はすぐに去り、妙な好奇心が湧きでてきた。

「なんだか嬉しくなってきたんですよ。やった！　ゆうれいをみた！　みたいな」

確認をしたくなったので窓を恐る恐る開けてみた。

Eさんの顔にはすこし笑みさえ浮かんでいた。外の空気がふわっと流れ入ってきた。

しかし、これといってなにもない。

窓の外は夜空、住宅街、すぐ下のひと気のない道路だけで他になにもなかった。

「酒も入ってなかったけれど、幻覚だったのかなと思いました。その直後」

部屋に取りつけた電話の呼びだし音が鳴り、飛びあがった。

窓を開けたまま子機に手を伸ばした。

「も、もしもし？」

「もしもし？　E？　私やけど、元気？」

実家の母親からだった。しかしEさんはそれどころではない。

「おかん？　いま忙しいんやけど、どうしたん？」

「おばあちゃんのようすがおかしいねん」

Ｅさんの祖母は寝たきりで、ほとんど意識もない。

「大丈夫なんかいな？　救急車呼びや」

「うん、大丈夫。何か言うてんねん、ちょっと待ってな」

受話器のむこうで母親が祖母にぼそぼそと話しかけている。Ｅさんは開けっぱなしになった窓を閉めようと、子機を耳に当てたまま窓のほうへ歩いた。

窓に手をかけた。

「あ、もしもし――」

窓枠に力をこめる。

「おばあちゃんがあんたの名前言うて――」

閉めきる寸前。

「――窓、絶対に開けたらあかんって言ってるんやけど」

「え？」

開いていた窓がぴしゃりと閉まった。

瞬間、ぞわっと寒気が走る。「なにか」が部屋に入ったと思った。横に目をやると黒い夏服を着た背の高い女が、すたすたと台所に歩いていく背中がみえた。

「そこからはもう、恐怖というか混乱というか。慌てすぎて逆にスローモーションのようになったのを覚えてます」

子機を持ったまま玄関にむかう——玄関は台所の横——おんなの横顔——笑っている——携帯も持たずに——靴も履かずに——解錠してノブに手をかける——もう一度——おんなをみると——手を伸ばして——流し台の包丁を——。

気がつくと近くに住んでいた、友人の家に駆けこんで震えていた。

朝になって友人と部屋にもどると、おんなはもういなかった。

ただ、逃げる寸前に閉まっていたはずの窓だけが開いていた。

道路の男の子

Ｉさんが高校生のころに体験した話である。

夜、バイトが終わって仲間たちと楽しくおしゃべりをしていた。

「カラオケにいこうって……繁華街に移動していたんです」

ひと気のすくない国道沿いを、仲間たちとはしゃぎながら歩いていた。

——おねえちゃん。

か細い、子どもの声だった。

立ち止まりまわりをみるが誰もいない。確かに声は聞こえたのに。

仲間たちはどんどん歩いていく。

「ねえ、ちょっと待って。いま誰か……」

バイト仲間たちに伝えようとしたとき、同じ声がまた聞こえてきた。

今度は声の方向がハッキリとわかった。

国道の反対車線に、五歳くらいだろうか、男の子がいた。道路の真ん中に座りこんでＩさんのほうを泣きそうな顔でじっとみている。男の子の唇が動いた。

——おねえちゃん。

迷子の子どもが困っているようだった。

反対車線は車がくる気配はなかったが、Iさんはあわてた。

あの子、危ない！

「そう仲間たちに叫んで……私はガードレールを越えました。道路にでて車に気をつけながら反対車線までいこうとしたんです」

うしろから仲間たちの声が聞こえてきた。

なにやってるの！　危ないよ！

「みんな子どもに気づいていないようだったので、指さしながら……」

あの子！　助けなきゃ！

Iさんはそう叫びながら道路を渡っていく。

バイト仲間たちも、子どもがいるのがわかったらしく口々に叫んだ。

ボウズ、じっとしてろ！　すぐいくぞ！

Iさんは中央線を越えて反対車線まで移動した。

車がこないかどうか確かめる。

いちばん近い信号は赤だが、車が停車しているのがみえた。

男の子は相変わらず両膝を曲げて座りこんでいた。

彼の横まできたIさんは「こっちおいで」と子どもの肩をつかんだ。

「動かないんですよ、その子。きてくれたのが嬉しかったのか、私のほうを見上げて笑っているんですけど……座ったまま動かないんです」

なにしてるの？　危ないから、お姉ちゃんとあっちにいこう。

そう声をかけたが、やはり男の子は笑っているだけで動こうとしない。

むこうの信号が赤から青に変わり、うしろからまた仲間たちが叫んだ。

危ない！　はやく！

「その道路……信号から次の信号の間隔がけっこうあるんです。だから、スピードをあげる車が多くて……」

気づかれるのがおそかったら、轢かれる——。Iさんはさらにあせった。

「ほら、いこッ」

怒鳴るように男の子にいった。

すると男の子は——左手をIさんのほうへ伸ばした。

「立たしてくれ、といっているように……私に手を伸ばしたんです」

Iさんは彼の手をつかんで力をこめた。

男の子のてのひらは汗でぐっしょり濡れていた。

「立たないんです、その子……それどころか思いきり力をこめて」

Iさんが離れることができないようにしていた。

みていられなかったのか、仲間たちは道路を渡りながら叫んでいた。

「なにやってんだよ！」

車は猛スピードで近づいてくる。男の子はニタニタ笑っていた。

「そこではじめて……この子は普通じゃないと思いました」

クラクションが鳴らされた。

（轢かれる！）

その瞬間、うしろから仲間がIさんを羽交い絞めにして中央線まで引きずった。

車はクラクションを鳴らしながら通り過ぎ、Iさんと仲間は身をすくめた。

仲間が「あれ？　あの子は？」とつぶやく。

「引きずられる寸前に……子どもが消えたのを確かにみました。握った力もふっと消えましたから。でも……手を握っている感触が……まだあったんです」

Iさんは握っているものをみた。

赤く長細い、紐状の肉片を握りしめていた。

男の子がいたところをよくみると――。

「頭がつぶされて、臓物がはみでている死骸がありました。私……死んだ猫の内臓を掴んでいたんですよ。仲間たちも男の子だったはずなのにといっていました。でも、それは猫の死骸だったたんです」

人間を道連れにしようとしたんですかね、とIさんは哀しそうな表情になった。

明るい終末

関西に住むFさんという年配の男性から聞いた話である。

友人のEさんが入院して、仲のよかったFさんは頻繁にお見舞いにいった。

「もう癌でアカンの、わかってたからな。本人も知っとったし。しょっちゅう家族も他のツレらも、土産《みやげ》持って見舞いにいっとったわ」

Eさんは暗く沈んでいるのではなく、いつも通りやたら明るかった。

「まあ、いい歳やったし。アイツも孫、生まれとったから、あんま思い残すことはなかったんやろ」

Fさんは「なんか最後にいうことあるか?」とよく聞いた。そのたびにEさんは「まんじゅう買うてきてくれ」や「今日はせんべい」などと冗談をいう。あんまりふざけるので真面目な質問もした。「いままでの人生で悔しかったことは?」と尋ねるとEさんは「そうやな……宝くじ当たらんかったことかな……」と泣き真似をしていた。

「どんなにふざけたり冗談言うてても、死ぬのは間違いなかったからな。オレはやっぱり寂しかったで。多分、アイツ自身もそうやったはずやろうけど……」

Eさんは決して落ちこまず、いつもみんなを笑わせようとしていた。

ある日、Fさんが土産を持って見舞いにいった日のこと。

開けたままになったEさんの部屋をのぞくと、他の見舞い客がおらず珍しくひとりだった。ぼーっとしているようにもみえたが、Fさんに気づくと「おう」と声をだして次のようなことをいった。

「お前、牛丼買ってきてくれへんか?」

いたずらっ子のような表情だったという。

「それもどこの店の牛丼か指名しおるねん。なんや死にかけた病人が生意気に。いいやんけ、せんべい持ってきたぞって言うたら……」

Eさんは「いや、ホンマに。めちゃ食べたいねん。買うて来てくれや」と手をあわせた。

「普段からチャラチャラしてたからな。本気のときはすぐにわかるねん。なんや知らんけど、ホンマに食べたいんやって思ったから……」

Fさんは「しゃあないのう、買うて来るわ」と了承した。

病室のテレビの横のテーブルに土産を置き、駐車場にむかった。

「またその牛丼屋。あれや。ほら、二十四時間のあそこや。その病院からけっこう離れとんねん。うっとおしかったわ。でも引き受けてもうたらしゃあない」

Fさんはエンジンをかけると車を発進させた。

しばらくして牛丼屋に到着した。

店はすこし混雑していたが、テイクアウトのコーナーに並んでいると――。

「いきなり『あれ？　Fさん』って声かけられた。みたら」

別の友人が店に入ってきた。お前なにしてんねん、と聞かれたのでEに頼まれてきたと答えると、友人は笑いだした。

「聞いたらそいつも病室いったらEに頼まれて、牛丼買いに来たって言うやないか。なんやアイツ、どんだけ腹減っとんねん言うて、ウケてもうたわ」

Fさんは「まあええ、ふたつ買うていこ」と笑った。

だが、その笑いは眉をしかめるものに変わっていった。

いつも見舞いにくるメンバーが次々と店のドアを開けて入ってきた。

なかにはEさんの家族もいる。

その全員が病室にいくとEさんに牛丼を頼まれた、と答えるのだ。

さすがにFさんもこれはおかしいと思った。

「胸騒ぎがしてな。すぐに何人かで病院にもどることにしたんや」

駐車場に車を停めて、急いで病室にいく。

Eさんは病室で医者と看護婦に囲まれて亡くなっていた。

「いつ逝っても不思議やないって言われとったからな。みんなに自分の死に目、みせたくなかったんやろ」

ただ納得できないことがあった。

危篤状態になったのはFさんが土産を持って病室に到着する前だったのだ。

「ということは、ワシのあとに牛丼屋に来た奴らも、医者らがEを処置をしてる最中に病室に到着しているハズやのに――」

看護婦に聞いても医者に聞いても、誰も訪ねてきていないの一点張りだった。

ただ病室のテーブルには、Fさんが買ってきた土産が置かれていた。

憑かれた妻

Yさんはボランティアで自治体の活動をよく手伝っていた。

その日も、小学校の近くを流れる川の掃除にでかけていった。

「言うても流れもあんまりあらへん、きったないドブ川や」

黒くなった川に大量のゴミが沈んでいる。そのゴミを数人でさらう作業だった。

「いまさらゴミとっても、あんま意味なさそうやったけどな。子どもらが通る道やったし、すこしでも景観を良くしようってことやな」

その時期は奥さんもボランティア活動を手伝ってくれていた。

「嫁さんも近所付きあいが良うなったって褒められとったからな。厭な作業でも、よう手伝ってくれてたわ。川のゴミさらいにも来てくれたわ」

しかし予想以上に川は汚かった。

Yさんたちは自治体から渡された胴付を着て覚悟を決めた。

「胴付ゆうんはな、長靴と胸まであるズボンがくっついてるような、ヤッケみたいなやつや。ゴムで作られとるから、下に着てる服が濡れずに作業できるねん」

Yさんの奥さんは胴付長靴を着るのが初めてだったらしく、すこしウキウキしているようにみえた。だが、川に入るとそんな楽しさは消えてしまった。

「ドブ川やからな。とにかくニオイがキツい。いまから何時間もこの作業をせなあかんと思うと誰だって厭になるわ」

作業が始まりしばらくすると、奥さんの顔色が悪くなっていくのがみてとれた。

「おい、無理せんでいいぞ」

Yさんは声をかけたが、奥さんは意地をはっているようだった。

「だいじょうぶ、いけるから」

ヘドロのなかにはさまざまなゴミが捨てられていた。

電化製品から家具、小物やお菓子の袋、なかには今朝がた捨てられたばかりのような家庭の生ゴミまであった。黒く汚れた泥の悪臭だけでも酷《ひど》いのに、気分が悪くなるようなものが沢山《たくさん》ある。

さすがに奥さんはしばらくして休憩にいった。

Yさんは近所のひとたちと重いゴミを運ぶ作業を手伝っていた。

「嫁さんは一回戻って来たけど顔色もようなかったし、もうそのまま帰らせたわ。ワシもそろそろや思て、家帰ってみたら」

奥さんはソファでぐったりしていた。慣れない作業をしていたせいだろうと、Yさんは奥さんをそっとしておいて、その日の夕食は出前をとった。

翌日の朝になったが、奥さんはまだ調子が悪そうだった。

「慣れへん作業したから、季節外れの風邪でもひいたかと思った。そしたら……」

夕方になって寝室から低い笑いが聞こえてきた。Yさんがいくと――。

「嫁はんや。布団の上で座りこんで、下むいて笑《わろ》てた」

「ぐぐ、ぐッぐッぐッぐ……」

笑い声が普通じゃなかったのでYさんは驚いた。

声をかけると奥さんは顔をあげた。

「なんちゅうか…気持ちの悪い表情作って……ワシのほうをみたんや」

右半分だけを歪ませた顔だった。

Yさんは異質なものを感じて、言葉がでなかった。

沈黙が数秒続いたあと、奥さんはけたたましく笑いだした。

「ぎゃッぎゃッぎゃッぎゃッぎゃッ！」

冷たいものがYさんの全身を駆けめぐった。

「家の外まで逃げたわ。嫁のこと怖くなったのは初めてやった」

その夜は友人の家に泊まることにして帰らなかった。

朝になって友人とふたりで自宅にもどり玄関を開けると――。

「低い鳴き声が聞こえてきおるんや」

「うーッ、うーッ」というまるで動物のような声だった。

おそるおそるYさんたちは声のほうへいく。寝室で昨日のままの体勢で奥さんが布団の上に座って、声をあげていた。表情も昨日と同じだが白眼を剥いている。

「多分、ひと晩中、笑てたんやろ。声、枯れてもうて……」

友人が「こら、あかん。寺の坊さんのところ連れていこ」とつぶやいた。

「普通、病院やろ。でも、ツレが寺で間違いない言うて聞けへんのや」

ふたりで奥さんを担いで寺にむかった。

到着すると住職はすぐに本堂に通してくれた。

座布団に奥さんを座らせると、背中を擦りながらお経を唱えだす。

「経やら何やら信じてへんからな。早《は》よ病院いこって、ずっと言うてたわ」

文句をいっていたYさんも、奥さんが声をあげて苦しみだすと口を閉じた。

「躰を反らして、ケイレンしてたからな。もう怖くて怖くて……」

お経を唱えている住職の手から電気が流れているかのようにもみえた。

そのうち奥さんは頭を勢いよく前にだして「ぐえええぇッ」と嘔吐しだした。

吐きだしているものがとても胃の内容物と思えない——黒い泥だった。

「あのドブと同じニオイの泥や。わしも驚いて思わず立ちあがってもうた」

住職は経を止めることなく唱え続け、奥さんは泥を吐き続けた。

本堂のフロアに泥の波が広がっていく。

吐くのが止むころには何畳もある本堂は泥でいっぱいだった。

「オーバーではなく、人間の胃袋からでてると思われへんほどの量やった」

彼女が倒れると、住職は「さあ、病院へ連れていってください」といった。


奥さんはひと晩だけ入院したが、翌日には見違えるほど元気になった。

川からもどってから病院までの記憶がすっぽり抜けていたそうだ。

その後、気になったYさんは住職に尋ねにいった。

「いったい何やったんですか……とり憑かれていたってことですか?」

「そうですね、そう思って頂いてもけっこうです」

「ということは、ドブ川にゆうれいがいた、っちゅうことですかね?」

「ゆうれいかどうかわかりませんが、なにか悪いものを『踏んだ』のが原因かと」

「はあ……踏んだ、ですか？」

「はい、ひとは意識しないうちに、いろいろなものを踏んで傷つけてしまうのです」

Yさんには意味がわからず「嫁はん、なにを踏んだんですか？」と何度も聞いた。

住職は「恨みのこもったものですね」とだけ答えた。

関係あるのか否か数年後、そのドブ川から古い白骨死体がみつかった。

遺体の回収

Yさんはとある電鉄会社に勤めている。

「いままでこそ運転手ですが……駅員、車掌のときはいろいろありましたよ」

この電鉄ではミスを犯すたびさまざまなペナルティがあるらしい。

日に二回以上、些細なミスをするとすぐに報告書を書かされた。

「それもとんでもなく多い枚数なんですよ。事故の責任が会社のプレッシャーに関係するってよくいわれていますけど、僕もそう思います」

さまざまなペナルティがあるが、それでもいちばん厭なことは別にあるらしい。

「死体の片付けです。飛び込み自殺、轢死《れきし》……」

どの職業でもそうだが厭な仕事をやらされるのは下っ端の役回りで、Yさんのいる電鉄も例外ではなかった。轢死体の状態は酷く、厭な仕事というのはほとんど肉片となった遺体を集める作業だった。その作業はトングとバケツを持っておこなうそうだ。

「車両の下に入りこんだ遺体は最悪です。潜りこんで回収しないといけませんからね。無理やり発進させると車輪に巻きこまれ、より細かい肉片に千切《ちぎ》られ飛び散っていく。やっぱり数日はなにも食べられないですね」

Yさんの先輩は急行列車の運転中に自殺に遭遇したことがあった。ホームから飛んだ男性が猛スピードで走る車両の前面でぶつかる。男性は即死だが、その死体は運転席のガラスを突き破って飛びこんできたという。

「一歩間違えたら道連れですよね。でも、それより最悪だった話があります」


乗務員になって間もなかったある昼間のこと。

駅の休憩室で休んでいると上司から連絡があった。Yさんがいる駅のすぐ近くで自殺があったという報せだった。

「ホームからの飛びこみではなく、線路に入りこんでの自殺でした」

バラバラになった人間の遺体を回収するのはかなりの労力がいる。

先輩ふたりに連れられて、バケツを積んだ手押しの三輪運搬車を押し、現場に急いだ。進んでいくと飛び散った血がついた草木みつけて、先輩が運搬車を押していたYさんに「きっとこの辺だ」と声をかけた。

「本当に憂鬱でした。厭な作業は僕がやらされるのも、わかっていましたし」

運搬車に乗せていたバケツをおろすと、レール付近をみる。

「まず見つけたのは腕でした。肘《ひじ》から斜めに千切られ、筋肉や骨がむきだしになった血まみれの腕です」

細かい肉片はトングで、重い部位は軍手をつけた手で持つしかない。

バケツや運搬車に肉片を入れていく。

肉片、肉片、手首、足、肉片、膝《ひざ》、肩、胴体、肉片、肉片、肉片、指、肉片……。

散らばっている千切れた、もと命。そのすべてにどす黒い血が付着していた。

先輩たちふたりは運搬車の横でYさんの作業を厭な目でみている。

Yさんはさっさと作業を終わらせようと急いだ。服から女性だとはわかったが頭部が見当たらない。首や肩の一部であろう肉片はあるのだが——。

「うげッ」突然、先輩が悲鳴をあげた。

彼の指さすものをみて、Yさんはトングでつかんでいた肉片を落とした。

「頭、あったんです……中年女性の……地面にまっすぐ、立っていました」

だらりと脱力していて、すこし口だけ開いている頭部だった。

「どこも血まみれだったのに……顔は首以外、きれいなものでした」

しかし血の抜けた白い顔は、血まみれよりも恐ろしく思えた。

頭部も運搬車に乗せなければならないので、Yさんが手で持つしかない。

さすがに頭を正面にして持ちあげるのは怖く、後頭部のほうへまわった。長い髪を押さえつけるように両手でつかむと、ねちゃりという感触とともに地面から首が離れた。Yさんはひきつった表情で先輩たちがいる運搬車へ頭を運んでいく。自分の躰に近づけたくなかったので、両腕を伸ばして頭部を先輩たちのほうにむけて歩いていった。

「私は後頭部のほうだったので、先輩たちは正面の顔をみていたんですが……」

先輩ふたりの表情が驚いているものに変わった。

Yさんが「ど、どうしました？」と尋ねた直後――。

「ふたりとも悲鳴をあげて逃げだしたんです。いや、確かに頭を持って歩いてくるなんてビジュアルは恐ろしいものですが、でも逃げ出さなくても……」

Yさんは頭を運搬車の荷台に乗せ、再び作業にもどった。

遺体の回収は終わり、バケツも運搬車に乗せて上から布をかけた。

それでもできるだけ荷台をみないよう、駅へと運搬車を押していった。

運搬車は線路の石でガタガタと荷台を揺らしたが、なんとか倒れずに駅まで辿り着くことができた。

倉庫に死体を運搬車ごと入れると休憩室にむかう。

休憩室にはさっき逃げだした先輩ふたりがYさんを待っていた。

「ようすがおかしいんですよ。どうだった？　何もなかったか？　いろいろ聞いてくる。

意味がわからず私は、置いていかないで下さいよ、といっていると……」

先輩たちは「あの頭、なにもなかったか？」と妙なことを聞いてきた。

Yさんが頭を持ちあげ、顔を先輩たちのほうにむけて歩いているとき。

中年女性の目が開いたという。

それもすこし開いた、という程度ではなく、大きく「パチリ」と見開いた。

Yさんはそのことに気づかず歩いてくる。大きく見開かれたまま、その目玉はふたりの顔を交互にギョロッとみていた。

そして——にたりと笑った。

だから「運んでいる最中、あの頭、なにもなかったか？」と聞いてきたのだ。

「気持ちの悪い話でしょう。さすがに寒気がしました。ただ、思いかえすと」

妙なことがひとつあったとYさんはいった。

駅にもどる最中、運搬車を倒さないように進めていた。

みたくはなかったのだが、ガタガタと揺れる運搬車に思わず目がいってしまう。

かけてあったビニールの布がずれて、乗せた肉片がすこしみえた。

気持ちが悪いので布をなおすとき、あの頭部がみえた。

Yさんをじっとみていたという。

愛しいゆうれい

Gさんが学生だったころ、体験した話である。

夏休みを利用して免許の合宿にいかせてもらうことになった。

「親が金出すからいってこいって。卒業したら就職する予定やったし。すこしでも有利にしておきたかったんでしょう。男は免許くらい持っとけって」

寝泊まりするのは、ちいさなビジネスホテルのような寮だった。

「相部屋ではなくひとりずつに当てられる形でした。まあ、テレビがあって、エアコンがあって、ユニットバスで……何日か暮らすのに十分だと思いましたよ」

初日は近くの合宿所で手続きを済ませて、部屋にもどるとベッドに寝転がりテレビを見てくつろいだ。そのうちウトウトして、いつの間にか眠っていたそうだ。

しばらくして目が覚めると……。

「裸だったんですよ。上だけ脱いでいるとかじゃなくて。全裸です」

あれ？　なんで裸なんだ、風呂入ったっけ？

寝ぼけながら、ベッドの上できょろきょろしていると。

がちゃり、とユニットバスの扉が開く音が聞こえた。

「そりゃ驚きました。だって現れたのが――」

髪の長い全裸のおんなだった。

「ええっ！　って情けない声をあげましたよ」

動揺したGさんはなぜか毛布で胸だけを隠してしまった。

足も動かさずに直立したまま、おんなはゆっくりGさんのほうへ移動してきた。

肌が白く、綺麗な乳首がより目立つ。

しかし、よくみると――体はすこし透けていた。

「ゆうれいだ、って思いました。けれど、ぜんぜん怖くなくて……」

おんなは無表情でGさんの前までくると、にっこりと笑った。

「なんていうんですかね……。可愛いらしい、ですかね。いやらしいエッチな感じじゃなくて、なんだか愛おしく思えたんです」

おんなはGさんの顔に手を伸ばすと、おおいかぶさってきた。

「目を覚ましたら朝でした。夢かとも思いましたが……」

布団に染みついた匂いが夢ではなかったことを告げていた。

「間違いない、昨日おれ、ゆうれいとヤったんだと思いました」

まだ信じられずにドキドキしていると服がないことに気づいた。

ベッドの横にも下にも見当たらない。ユニットバスも確認したがGさんの着ていた服はみつからなかった。

「財布とかはだしてたんでよかったのですが、一体どこにいったのか…」

別に持ってきていた服を鞄からだして着替えると、教習所にむかった。

その夜、またこないかと思ってベッドで待っていたがおんなは現れなかった。

Gさんはこのことを誰にもいわなかった。


それから一週間ほどして、うたた寝をしていると涼しさで目が覚めた。

躰をおこすと、また全裸だった。

「やった！　きた！　そう思いましたね。ドキドキしていました。すると……」

がちゃり、とユニットバスが開く音。

布団を被って待っていると、おんながゆっくりと近づいてきた、と思いきや。

「前と違うんですよ。裸なんですが——髪もボサボサで、何度も刺されたような傷跡だらけの躰、首を斜めに垂らして、充血した目で睨みつけていたんです」

おんなの躰がぐらりとGさんのほうをむく。頭がすこし欠けていた。

「もう怖くて絶叫してしまいました、ぎゃああって」

声に反応しておんなはかき消えた。

寮の管理をしているおじさんが悲鳴を聞いて部屋に入ってきた。おじさんは裸のGさんをみて「おんながでたな」と聞いてきた。ギョッとするGさんは布団をかぶったまま一階の管理人室へ連れていかれた。

「おじさんは誰かに電話しているようでした。しばらくすると……」

近くの神社の神主だという男性がやってきた。

Gさんは裸のまま、お祓いを受けたという。

「裸ですよ。もう怖いやら恥ずかしいやら、ワケがわからないやら」

お祓いが終わるとおじさんはGさんに服を渡してくれた。

「前にみつからなかった服もおじさんは持っていました。びっくりして、これどこにあったんですかって聞いたら」

すぐ横の墓地だ、地蔵の雨よけの屋根に散らばって落ちていた、と答えた。

「前にもあったんですって。おんなが現れたこと。もう大丈夫ってことでしたけど、ぼそりといったんです。『はやくみつかってよかった。遅かったら……』って」

その意味深げなセリフにGさんは再び震えあがった。
数年後、そのホテルの前を通ったが、更地になっていた。
横にあった墓地だけが目立っていたという。
エロ心で怖い目にあうこともあるんですね、とGさんは照れくさそうに笑った。

追いかけてくる足音

Mさんという男性が中学生のころに体験した話である。

放課後、遊びに夢中になって、気がつけば遅い時間になっていた。

家が同じ方向の友だちと一緒に、ふたり乗りの自転車で帰路につく。

「すこし寒い季節でしたからね。陽が落ちるのがはやくて暗くなっていきました」

両側は田んぼになっている道路を、おしゃべりを楽しみながら進んでいく。

すると、うしろで声高にしゃべっていた友だちが急に静かになった。

「ん？　いきなり黙りこんで、どうしたんや？」

「シッ、静かに！」

なにか聞こえるのかと、Mさんは自転車をこぎながら耳をすませた。

だが、これといってなにもない。

友だちは「……いや、ごめん。気のせいやわ」とまたしゃべりだした。Yさんは「なんか聞こえたん？」と尋ねるが「気のせい」というだけで教えてくれない。

だが、しばらくしゃべっていると、また「静かに！」といいだした。

「なんやねん、さっきから」

「いや……やっぱり、聞こえるわ」

「え？　なにが？」

Mさんは自転車の速度を遅くして集中した。

車の通行もない、ただの田舎の道だ。

「ほら……この音。この音、なにやろか？」

「……どの音のことや？　なんも聞こえへんぞ」

「田んぼから………ついてくる、音」

田んぼは道路の両側にあった。

右は車が通る道路なので、Mさんは左側の田んぼに意識を集中した。

かぽ……かぽ、という妙な音がするのがわかった。

まるで田んぼを歩くような足音が聞こえてくる。

「田んぼと道路には段差があって、田んぼの位置のほうが低いんですよ。その低い位置で、なにかが僕たちの乗っていた自転車のほうに近づいてくるんです」

友だちは「ゆっくりスピード……あげてみて」とちいさな声でつぶやいた。

Mさんは足に力をこめて、自転車の速度をあげた。

音が左うしろのほうに、ゆっくりと離れていった。

「けっこう遠ざかったので安心しました。ああ、よかった、なんか怖いやつかと思った。ちょっとビビったわって、僕が友だちにいったとき……いきなり」

がぽッ！　がぽッ、がぽッ、がぽッ、がぽッと音が追いかけてきた。

友達は「ヤバいッ、きてる！　スピードあげて！」と叫んだ。

「もうマックスで怖くなっちゃって。立ちこぎで全速力をだしました」

必死で自転車をこいだが、音も速くなってきた。

あきらかに気づいたときよりも速く、音の数も多い。

「ヤバいって！　くるッ、くるッ！　はやくッ、きてるッ！　はやくッ」

がぽッ！　がぽッ！　がぽッ！　がぽッ！　がぽッ！

「自転車、あんなに必死でこいだのははじめてでした。人は風になれますね。足の筋肉がぱんぱんに張ってきたとき……」

音がうしろに遠ざかっていった。

自転車のスピードはかなりのものになっていたという。

「ふたり乗りですよ。ははっ。あの時は本当に体力がありました」

道路は田んぼから離れてカーブを描いており、先はトンネルがあった。

まだ音は聞こえていたので、そのままの速度でトンネルに入った。真ん中あたりまできて、やっと速度を落とした。そのとたん、うしろで音の質が変わった。

かぽ、かぽ、たッ！　たッ、たッ、たッ、たッ。

Mさんと友だちは「え？」と同時にうしろに振りむいた。

長靴がふたつ、Mさんたちを追いかけてきていた。

錆神社

「錆神社」と呼ばれる神社があったという。

Kさんは小学生のころ、関西に引っ越してきてその場所を知った。

放課後、何人かと遊んでいるとき、

「お前、サビ神社まだやんな」

「ほんまや。コイツまだ行ってへん」

「俺ら仲間やったら、サビ神社入らなアカンねんで」

みんなに案内されて錆神社にむかうことになった。

自転車で街外れにある山のふもとまでいき、歩いて山を登っていく。日が暮れる前に帰れるかKさんは心配だった。到着した神社はまったく手入れがされておらず、草木は生え放題で、ちいさな拝殿と蔵があったがボロボロだった。印象としては神社というより崩れかかった民家のようだ。暗くて気持ちが悪いところだった。

「あそこ、あそこ！」

「オマエ、入ってこい！」

みんなに指示されたところは、扉が外れている大きめの蔵だ。

どうもこの蔵のことを「錆神社」と呼んでいるようだった。

みんな一度は入った経験があるらしい。

この肝試しが仲間になるための通過儀礼のようなものなのだろう。そうKさんは思った。

もともと怖がりでもなかったので、なんの抵抗もなかった。

Kさんはゆっくりと蔵に入っていった。屋根のあちこちに穴があり、空がみえている箇所がいくつもあったので思ったよりも明るかった。それよりは湿気を帯びた床板が抜けてしまわないかと気をつけて進む。意外に奥があり、外からみるよりも広さがあった。

たいしたことないじゃん――そう思ったとき、うしろから声をかけられた。

「いちばん奥の壁に手をついて、帰ってこい！」

とりあえずいわれた通り、奥の壁に手をついて入口にもどろうとした。

怖がっていないつもりだったが、唾が溜まっているのに気づいた。

思ったより自分はビビっていたのかな、と思った。

ゆっくりと入口に近づくと、さらに口の中が唾でいっぱいになっていくのがわかった。

吐きたいが、廃虚といえど神社、建物内で唾を吐くわけにはいかない、外まで我慢しようと思った。

みんな外からKさんのほうをみている。
なぜかその顔は笑いをこらえているような表情だった。
唾《つば》を吐きたいと強く思うとまた唾が分泌され、頬を膨《ふく》らませてしまう。
みんなくすくす笑いだした。
だんだん唾がサビのような味に思えてきて気持ちが悪い。
床を踏み抜かないように気をつけながら急いで外に出た瞬間。
Kさんはぶえッと大量の唾を吐きだした。
みんなは手を叩いて笑いだす。
Kさんは涙目で吐きだした唾をみた。そして錆の味を感じた理由を知った。
それは唾ではなく、すべて真っ赤な血だった。
「びっくりしたやろ！　この蔵に入ると、みんな血ィ、吐くねん！」
血を吐く？　そんなバカな。
不思議に思ったKさんは自分の口のなかを調べてみたが傷ひとつない。
胃からこみあげてくるような感覚もなかった。
みんなは手を叩いてはしゃいでいたが、Kさんはすこし混乱していた。
「な、面白いやろ」

「絶対このなかからでるまで、吐かれへんねん。意味わかる？」

蔵のなかに入るとなぜか口のなかが血でいっぱいになり、その血を溜めて頬を膨らませて我慢してしまうという意味のようだった。

Kさんは納得いかなかったが、今度は友だちたちが順番に蔵に入っていった。

みんな入口にもどってくるとき、顔を真っ赤にして頬を大きく膨らませ、外にでた瞬間に「ぶえぇッ」と声をあげて血を吐いていく。

血を吐いたあと、口のまわりを赤く染めて笑っている顔はどれも不気味だった。

その後、何度も「錆神社」にKさんたちは遊びにいった。

新しい友だちができたときには必ず蔵に連れていき、友情を確かめていた。

「子どもの楽しい思い出だったんですが――」


大人になって地元の友だちと逢うことがあった。

彼とも「錆神社」には何度も一緒にいったことがあり、懐かしさついでにあのころの話を振ってみた。

「あれ不思議だよな、あの神社、どうしてあんなに血が口からでてきたんだろうなって、明るく聞いたんです。すると……友だちの顔色が変わって」

あの蔵はもうなくなった、と友だちはKさんに伝えた。

「僕、勘違いしていたんですよ。あの蔵のルールはなかに『入ったら血を吐く』ではなかったんです。あそこは『なかに入ると血が口の中に溢れるが、決して蔵のなかで吐いてはいけない』という蔵だったんですよ」

友だちは厭なことを思いだすような顔をして、こんな話をした。

Kさんが小学校を卒業して数年後のこと。

蔵の「外」ではなく蔵の「なか」で血を吐いた子どもがいた。

血を吐いた直後に蔵はグシャリと崩れ、その子は下敷きになって死んだという。

「もうこの話やめよう」と友だちは話題を変えたそうだ。

贈り物

仕事が終わったCさんがマンションに帰ってきた。

鍵を差しこむとき、玄関ドアの隙間になにかがはさまっているのに気づいた。なにも書かれていない茶色の封筒。てっきり家主か管理会社からのものだと思った。

部屋に入ってから封筒を開けると【除霊不可】と書かれたメモが入っていた。

なんじゃこりゃ、と首をひねった。まだ封筒に黒いものが入っていたので、てのひらに落としてみると、かさかさに乾いた大きなゴキブリの死骸だった。

その日からひと月のうちに何度も同じ封筒が届き、深夜は金縛りになった。

金縛りになるときには必ず耳元で「死ね」という声が聞こえ続ける。

先にお祓いをしてから、警察に被害届をだしたという。

あの話の真相

Nさんという男性が同窓会に参加したときの話である。

広めの居酒屋を貸しきり小学校のころのメンバーが集った会だったが、かなり盛りあがった。地元に残っている者がたくさんいたこともあって、参加率も高かった。

そのなかにTさんという男性がいた。彼はムードメーカーの役割を担っていただけのことはあり、大人になっても明るい性格で、会をおおいに盛りあげていた。

小学生のとき、TさんはNさんにもたくさん面白い話をしてくれた。母親にこっぴどく叱られた仕返しにイタズラをした話や、交番のお巡りさんを困らせた話。なかにはゆうれいに首を絞められたなんて話もあった。

もちろん、すべての話が本当だとは当時もいまも思っていないけれど、Tさんは話で誰かを楽しませるのが、むかしから上手い人物だったのだ。

そのうち終電の時間が近づいてきてひとり、またひとりと帰っていく。全員が「楽しかった。Tくん、またね」と彼に挨拶をして店をあとにした。Nさんのように、家が近い者が六名ほど残って、静かに呑むことになった。

そこでもやはりTさんが話題の中心になっていた。

「いやあ。お前、相変わらず面白いね。モテモテじゃん」

「なにいってんだよ。もう嫁、子どももいるんだから。モテても仕方ねえよ」

そういって笑っていたが、Tさんの半生は決して楽なものではなかった。

中学生のときにTさんの兄が亡くなり、それをきっかけに一家は離散していた。

そのころはさすがの彼もようすがおかしく、暗い雰囲気だったという。

ふとNさんは「そういえばさ」とTさんに聞いた。

「小学生のころ、ゆうれいが毎晩でるみたいな話してたの、覚えてる?」

「ああ、覚えてるよ」

「あの話は本当だったのか? ウソだよな。冗談話のひとつだよな」

Tさんは真剣な表情になった――フリをして「あれはウソだよ」と笑った。

「ビビらせやがって。なんか怖い話だったからさ。よく覚えてるよ」

毎晩、金縛りにあって部屋の天井からおんなが降ってくる。おんなは彼の上に乗って、ぐいぐい首を絞めるので眠ることができない――そんな話だった。

「まあ、正確にいうと……ウソでもないんだけどね」

「ウソでもない? どういうことだよ」

「オレの話じゃないんだよ。ひとの話を自分の話のようにしゃべってたんだ」

Nさんは「なんだよ、またおどかす気か?」と笑う。

すぐ横にいた同級生のひとりがグラスを片手に尋ねた。

「じゃあ、誰の話だったんだ、ゆうれいの話は」

Tさんはため息まじりに「……アニキだよ」と答えた。

「ウチのアニキがそんな体験をしたって、よくいってたんだよ」

「ゆうれいを視たってか?　ホントかよ」

「父親も母親も困ってたよ……ああ、懐かしいな、あのころ親父もまだ元気だったな。なんの問題もなくて楽しかった。できることなら、あのころにもどりたいよ」

そこでNさんはTさんの家が一時期、大変だったことを思いだした。

(そういえば一家離散みたいになったって――確かこいつのアニキが亡くなったのがきっかけだったよな。アニキってなんで死んだんだっけ?　確か――)

「あれ?　そういえばお前のアニキってさ……」

Nさんが尋ねようとしたとき、Tさんは椅子からすこし乱暴に立ちあがった。

しんッと席が静まりかえる。

「……悪《わ》りぃ。オレそろそろ帰るわ」

そういって店をでていってしまった。
Tさんが中学生のころ、兄は布団のなかで変死したのだ。

写真

怪談社のユーチューブのアーカイブにこんな話があった。

Ｐさんが小学生のころ、友だちが心霊写真をみせてきた。友だちが鏡の前でファッショ
ンショーごっこをして遊んでいる写真だったのだが、鏡に人形のようなものが映っていた。

実際にはそんな人形はなかったはずなのに、という写真だった。

だがＰさんにはただの「人形」ではなく「首を吊った人形」にみえた。

家に帰ってから、Ｐさんはそのことを母親に話した。

母親はその友だちの住んでいるところを以前からよく知っていた。

「あそこ、本当に首吊りがあったところやで」

あもん

Aさんが小学生のときに体験した話である。

夏休みを利用して父親の実家に連れていってもらうことになった。

都会暮らしだった彼にとって田舎の生活は退屈だと予想していたのだが、近所の子どもたちは優しく接してくれた。子どもながらの仲間意識で毎日のように遊びに誘ってくれる。

都会にはない山や森で虫を捕まえたり、小川で水浸しになって遊んでいると、いつしかAさんも田舎での遊びに夢中になっていた。


ある昼間、Aさんと他の子どもたちで、どこに遊びにいこうかと話していた。

「Uちゃんの家にまだ行ってないけん、Aくん連れて行かんね?」

みんなによると、体が弱くて外に遊びにいけない子、ということがわかった。

「Uちゃんの家は、行ったらジュースぜったい出してくれるけん、行こ行こ」

みんなで自転車をこぎだし「Uちゃん」の家にむかっていった。

他の子どもたちの家も塀に囲まれた大きな旧家ばかりだったが「Uちゃん」の家は比べ

物にならないほど大きく、まさに屋敷と呼ぶのにふさわしかった。

みんなにうながされながら屋敷に入っていくと、畳の居間に老婆が座っている。

元気よく挨拶したが、彼女はなにも答えず、じっとしていた。

しばらくして老婆は黙って立ちあがり、台所からコップに入ったジュースを持ってきてくれた。ジュースを待っているあいだにAさんが「あのお婆ちゃん誰?」と聞くと「お婆ちゃんじゃなか、Uちゃんの母ちゃんよ」と教えてくれた。

子どもながらにAさんはえらく年の離れた母親だなと思ったという。みんながジュースを飲んでいる最中、老婆は無表情のまま黙ってAさんをみつめていた。

「おばちゃん、Uちゃんと遊んできてもよか?」

老婆がうなずくと、みんないっせいに奥の部屋に走っていった。

暗い廊下の奥、ふすまを開けるとパジャマ姿の女の子が笑顔で迎え入れてくれた。

その子がUちゃんだったようだ。

みんなの声が聞こえていたのか、Uちゃんはけん玉や人形がたくさん入った箱を用意して待っていた。

しばらくは、Uちゃんの玩具で遊んでいたのだが、みんなすぐに飽きたらしく「お庭で遊ぼ!」とそのまま障子を開けて庭に裸足のままでていった。Aさんは出遅れてしまいU

ちゃんとふたりきりになってしまった。

彼女は遊ぶみんなを笑顔でみていたが、その顔は白く、確かに病弱そうだった。

「なんの病気なの？」

そう聞くとUちゃんは初めてAさんの顔をみた。

「病気じゃないっちゃ」

Uちゃんはうつむきながら答えた。

「家から出してくれんのよ」

「え？　出してくれない？　誰が？」

尋ねると、UちゃんはAさんのうしろの廊下を指さす。

「……あもん」

「あもん？」

Aさんは振りかえって、彼女がさす方向をみた。

開けたままのふすまがあり、廊下には誰もいない。しかし見上げると——廊下の天井からこちらをみつめる逆さの顔があった。坊主頭の男だ。目と鼻だけをだしてAさんのほうをギョロリと睨みつけた。

怖さのあまり、Aさんは立ちあがって外にでて玄関にまわり靴をはくと、家まで走って逃げた。

両親や祖父たちにこのことを話したが、信じてもらえなかった。ただ「あもん」とはその地方でいう「お化け」の意であることを聞かされ、また震えあがった。


都会にもどる最後の日、子供たちが見送りにきてくれた。

「また遊びに来やッ、元気でなッ」

「また虫、捕まえようなッ」

「元気でなッ、オレたちのこと忘れんでよッ」

みんな手を振ってくれるので、Aさんは胸が熱くなった。

たくさんのお別れの言葉にこんなものがあった。

「あもん、オマエにまた逢いたがってたよッ」


いま現在、その村は誰も住んでおらず廃村になっているという。

圧死寸前

まさに落雷のような轟音に、Sさんは身をすくませた。

「危ないッ！」

激しい震動と衝撃、水をかぶったような感触を受けてその場に押さえこまれる。


気がつくと、まったくなにもみえない暗闇だった。

自宅の寝室かとも思ったが、躰中の痛みがSさんの意識をハッキリさせた。

息が苦しい。耳鳴りが激しく、まわりの状況が把握できない。なぜか体はヌルヌルした。

「が、がはッ！　はあ、はあ、はあ、おおい！　誰か！　助けてくれえ！」

鼓膜がおかしいのか、自ら発した声が遠くに聞こえた。

何が起こったのか、記憶を辿っていく。

——昼食を現場仲間たちと摂っている最中に「重機の作業が終わるまで仕事が続けられん。今日は早上がりかもな」と先輩たちが話していた。

案の定、仕事は中断となり片づけをしているとき、誰かが叫んだ「危ないッ！」という声。反射的に声のほうへ振りかえり上をみると、とんでもない太さの鉄柱が目の前に……。

重機で吊りあげていた、いくつかの柱が落ちてきたのだ。

まさにいま、自分は下敷きになっている。

状況を理解すると同時に、Sさんは恐怖のあまり悲鳴をあげた。

「おおいッ！　誰か、助けてくれッ、ここにいますッ、おおいッ！」

返事がないのか鼓膜が破れているのか、静寂がかえってきた。

（落ちてきた柱だけでこんなに真っ暗になるか？　そうは思えない。きっと鉄柱と重機、建物の一部も崩れているのだろう。ということはいまオレは……）

偶然できた隙間に入りこんでいるのだ。

隙間といっても余裕はない。胸の上にも重みを感じた。ビクとも動くことができない。細かく呼吸するのが精一杯の隙間だった。

（いま、自分の上にはどれほどの重量のものが重なっているのか？）

考えただけでも恐ろしくなった。バランスが崩れた途端、人間ひとりなんて、あっという間に押しつぶされてしまうだろう。想像すると震えが止まらなくなった。

死にたくないと念じつつも、頭のどこかでは日々の後悔が始まっていた。

母親が田舎から送ってくれた好物の餅。昨日食べておけばよかった。

いつも世話になっている居酒屋のツケがまだ残っている。大将と女将さんは長い間、実の子のように面倒をみてくれていたのに。

家族、先輩、友人。誰ひとり、なんの恩もかえせず今日ここで、つぶれて死ぬ。

ぎしいっと鉄柱がきしむ感触がSさんの躰に伝わり、恐怖が襲う。

「ひいいッ、イヤだッ！　助けてくれッ、死にたくない！　死にたくない！」

頭を振り、腕に力をこめて足をバタつかせた。

滅茶苦茶に力をかけて暴れるSさんに「おい」とかすれた声があてられた。

「……動くな馬鹿。崩れちまうぞ。じっとしてなきゃ駄目だ」

左からだろうか、男の声にSさんは驚いた。

「だ、誰ですか?」

Sさんが絞るように震えた声をだすと、大きな手が左肩におかれた。

「ひッ！」

「怖がるな。じっと待つんだ。助けはくる……お前、怪我してるのか?」

聞かれて初めて自分の体の隅々に神経をやり、右腕の感覚がないのに気づいた。

「……わからないです。あちこち痛い。右腕が折れているのかも……あなたは?」

「大丈夫だ……動けないが。お互い隙間にはさまって助かったようだな」

男の喋りかたに、なにかを感じながらSさんは妙に安心した。

「こういうときは下手に動かず待つんだ。キツいだろうが、頑張れ」

男の声も震えているようだった。

(きっとこのひとも怖いんだ)と思ったとき、涙が溢れだした。

ちっぽけな情けない自分と、ひとりではないという安堵感。

なぜか両親を思いだした。

そう、男の喋りかたは自分の故郷の発音とそっくりなのだ。

「……田舎、もしかしてO県ですか?」

すこしの沈黙のあと、

「ああ、そうだ。お前もか?」

「は、はい、O県です……ぼ、僕……怖いです、た、助かりますかね?」

わかるはずもないことをSさんが尋ねると、男は優しい声で答えた。

「お互い遠いところで、とんでもないことになったな。でも大丈夫だ。もう泣くな。取り乱さずに体力を保つんだ。頑張れ。お前ならできる」

「はい……ありがとうございます」

本当に感謝の気持ちでいっぱいになった。誰かが近くにいて声をかけてくれる。

頑張れという言葉がこんなに温かいものだとは。普段の生活ではありえないほど他人の存在が有難かった。

どのくらいの時間が経ったのだろう。

暗闇と無音の世界でSさんは震え続けていた。恐怖だけではなく、実際に体が冷えて寒い。だんだんと意識がもうろうとしてきた。左肩におかれていた男の手もいつの間にかなくなっていた。

「だ、だ、だ、大丈夫ですか？」

返事がない。本当に男に怪我はなかったのだろうか。

（もしかしたら実は酷い怪我で……もう死んでしまったのか？）

そんな疑問がわいてきた。なにより孤独になるのが怖かったのだ。

「だ、だ、大丈夫、ですか、へ、へ、返事を、して、ください」

ため息と共に男が声をだした。

「……大丈夫だ。もうすぐ助けがくる。すぐ、そこにいる」

「ほ、ほ、ほ、本当ですか、ま、ま、間違いない、で、ですか」

「なんだ……お前、寒いのか？」

「は、は、はい……も、も、もう夜、で、ですかね。ひ、ひ、冷えてきた」

違う、という男の声が聞こえたような気がした。

(もう……もう駄目だ)と妙な眠気がSさんを包みこむ。

「すまないな。寒いのは俺の……」

その言葉を最後にSさんの意識はぷつりと途切れた。

再び肩におかれた手の温もりを感じながら。


突然いくつもの腕につかまれ、ぐいっと引っ張られた。

激痛のなか、眩しいライトが目に入った。オレンジ色の作業着にヘルメットの男がSさんを引きあげている。体のあちこちが痛い。レスキュー隊が口をぱくぱく動かしてなにかいっている。

(……助かったんだ)

震える手で周囲を指さして「そこにもうひとり男が……」と伝えようとしたが声にならなかった。まわりの音も一切聞こえない。やはり鼓膜は両方とも破れていた。ライトに照らされた現場をみると、まわりは本当に酷い有様だった。Sさんは再び意識を失い、そのまま病院に搬送された。

「あとから聞いた話ですが、僕のまわりに生存者はいなかったそうです。ただ僕だけが助かったって……」

救助されたとき、Sさんは血まみれだった。

ただし、その血はSさんのものではなく、横で即死した男のものだった。

「あとから考えて納得いくことと、おかしなことがありました。僕がやたら寒かったのは全身その男の血液でびしょびしょだったからなんです。にしても、あんな暗闇のなかで男は僕の状態を確認していたような節があったこと。僕のいたところは手を差しこめるような隙間などなかったこと――そもそも僕はあの時点で聴力を失っていましたから。声とか聞こえるはずがないんですよ」

退院後、気になったので横で亡くなっていた男の素性を聞いてみた。

暗闇で、男から聞いた通りSさんと同郷だった。

毎年、男の墓参りは欠かすことなくいっているという。

お祓いを頼む

「映画でも多いでしょう？　悪魔にとり憑かれるみたいな話」

日本でいうと悪霊ってことなのですかね、とHさんは話をはじめた。

Hさんは関西に本部を持つ、有名な某宗教の教会のひとつを任されていた。

「教会といっても看板がかかっているだけです、外観も普通の民家にしかみえないし、熱心に活動をしているというワケでもありません。まあ、普通です、普通」

集会のための部屋があるだけで、Hさんも牧師や住職のような格好ではなく、常に普段着だった。

「正直、だらだらと毎日を過ごしています。まさかあんなことがあるとは……」

その昼間も、珈琲を飲みながらなにをするわけでもなく、くつろいでいた。

「すみません！」

突然の大声にびっくりして振りかえり、うしろの玄関をみた。

「見覚えのある若い子でした」

近所に住んでいる若者がそこに立っていた。

「ああ、久しぶり……といいかけてギョッとしました」

彼はひとりではなく、誰かの肩を抱えている。

抱えられている青年にも見覚えがあるのだが、なんだかようすがおかしい。

「震えているというか、ケイレンしているというか。唸っていたんですよ」

絶え間なく言葉にならない「うー」とか「あー」と声を発していた。

目線も定まっておらず、首を左右に揺らしている。

「あ、この来客、面倒くさい。すぐにわかりました。連れてきた彼も私に……」

助けてくださいッ、コイツとり憑かれているんですッ、お祓いしてください！

「お祓いなんてしたことないですよ。というか、できないです。しかも、私はそういった怖い類のもの、ゆうれいとか、それこそ悪霊みたいなのが大の苦手で」

Hさんは若者に叫びかえした。

「ウチじゃ受け付けていません。スマンけど病院か、どっか違うところに！」

「無理ですッ、とり憑かれているんですから！」

「なんでとり憑かれてるってわかるんだ！」

「こいつの家族みんながいっていますッ、助けてください！」

Hさんはなんじゃそりゃ？　と思いながら名案が浮かんだ。

「すぐそこの……ほら！　お寺！　多分あそこやったらやってくれるわ！　お祓いならそこのお寺に行っておいで！」

「イヤです！」

「イヤってなんやねん！」

「一緒にきてください！」

「なんで一緒にやねん！」

「お願いします！　僕も怖いんです！」

ワケがわからないコントのようなやりとりが続いた。とにかく奥にいる家族に気づかれたくないので、Hさんは一緒にお寺へいくことにした。

「お寺にむかっている道中も、なにがあったのか、なぜそんなことになったのか、聞いたのですが、なんやわからん、要領を得ない」

かなり混乱しているなとHさんは思ったそうだ。

お寺が見えてくると門の前にちょうど住職がいた。Hさんはおそるおそる「お久しぶりです、お忙しいなかすみません。実はですね……」といいかけたとき。

「とり憑かれているんですッ、助けてください！」

若者が割って入ってきた。

住職は「おお。それは大変だ。さあ、こちらへ」とすぐに案内をしてくれた。

「やっぱりお坊さんは違うなって思いましたよ。いや、私も似たようなものですけど」

Hさんは住職の対応に感嘆しながら一緒になかに入った。

本堂らしき畳の間に通されて、Hさんと若者はそこでみているようにと指示された。とり憑かれているという青年は部屋の真ん中に座らされ、相変わらず唸り続けている。

住職は彼のうしろにまわり、手で背中をさすりながらお経を唱えだした。

「イヤイヤきたわりには興奮してもうてね。いま、お祓いをみてるんやって」

若者も同じ気分だったらしく、先ほどとは違う高揚があるようだった。

しばらくすると、彼がだしている低い唸り声に変化があった。まるで苦しんでいるかのような、叫び声になったのだ。

このままどうなるのか。期待に胸を膨らますHさんと若者。そして次の瞬間。

「……あれ？　どこ？　オレなにしてんの？」

苦しんでいた青年の意識が戻ったのだ。

「うおお……効いた……」

初めてお祓いをみたHさんは感動した。

「すごい……効いた……」

彼を連れてきた若者も驚いた。

しかし、一番驚いていたのはお経を唱えていた住職本人だった。

「効いたッ、ワシのお経が効いたぞッ！　みた？　ワシのお祓い！」

住職はかたわらで混乱している青年を無視しながら「初めてやったけど、やっぱお経ってすごいな！　たいしたもんや！　だっはははッ」と大興奮していた。

そのあと、四人でお茶を呑んだ。そしてなぜこんなことになったのか、彼から話を聞いてさらに盛りあがったという。

おんながいる

Eさんはゆうれいを視ることがあった。

昔からというわけではなく、その年の夏のお盆をすぎたあたりからだ。深夜に目が覚めて、躰が動かないのに気づき、気配を感じて部屋の隅に目をやると――おそらくおんなだと思われる影がみえて――気がついたら朝になる。

そんなことが起こっていた。

家族にそのことを話しても誰もとりあってくれなかった。

「お兄ちゃんは、変な漫画ばかりみるからそんな夢みるねん。ちゃんと勉強しい」

妹からもそんなことをいわれる始末だった。

ある朝、Eさんは飛び跳ねるように起きた。

昨夜のことを思いだして「……マジかよ……怖かったあ」と鼓動を速めた。

また躰が動かなくなり、奇妙な気配を感じた。

（またかよ。いったいなんだよ、コレ）
いつものように目は動くので部屋のようすをうかがう。
やはり誰かが部屋の隅にいる。
いつもの場所に……白い服を着たおんながいた。
（あれ？　今日はどうして服までハッキリ視えるんだ？）
その理由はすぐにわかった。いつもと違い、おんなはゆっくりと足を擦るように歩いて
――Eさんのほうへ近づいているのだ。
（来るな、来るな！）
躰が動かないEさんには抵抗の術がない。
目を閉じて、はやく意識を失い、朝になることを祈るしかなかった。

朝になり「ああ、昨日は怖かった……」と安堵する。

「マジで……お祓いとかしたほうがいいかも……」

そうつぶやくと、ぞくりと寒気を感じた。

「……え？」

ゆっくりと部屋の隅に目をやっていくと――白い素足がみえた。

「うわッ！」

確かに昨夜みた、あのおんながいた。

だらんと肩を落とし、食い入るようにEさんをみつめていた。

おんなは肩を揺らし、絨毯に足を擦りつけながらEさんのほうへ近づいてくる。

Eさんは「うおおッ！」と叫んで部屋から逃げだした。

階段をかけおりて、そのまま朝食をとっている家族のところまでいき、

「い、いつも言うてる、あ、あのゆうれいが、いま、いる！」

母親は「また寝ぼけて……ええからご飯食べ」といっているが、その母親のうしろには、
ユラユラ揺れながら階段をおりてくるおんなの姿があった。

「わああ！　来てる！　来てるって！」

おんなは自分にしか視えていないようだった。

Eさんは台所の勝手口から裸足のまま飛びだしていった。

「助けてッ！　ゆうれいッ、ゆうれいが来るッ！」

途中、振りかえると、おんなはしっかりついてきていた。

「うわ！　来るな！　来るな！」

明るい午前中、悲鳴をあげて裸足で逃げていくEさん。おんなは両腕を下に伸ばし、肩

を左右に大きく揺らしながら、ゆっくりとした擦り足で追いかけてくる。

町内を一周して自宅にもどってきた。

どうしようかと慌てふためきながら、もう一度振りかえる。

おんなは相変わらずの歩調でEさんを追ってきていた。

Eさんは家に入り、階段を上ると自分の部屋に閉じこもった。

鍵をかけたが、それでも不安でドアを押さえつける。

なんとか息を整えようとしているとズルリ、ズルリと擦り足が近づいてきた。

ガチャガチャとノブが激しくまわされた数秒後、鍵がカチリと音を立てて勝手に解錠され、すごい力でドアが押されていく。

「頼む……こないで……」

(もうダメだ……)

限界と共に、頭のなかが真っ白になっていくのがわかったという。

本当に白い世界。

なにもない。

なにも考えられない。

時間の感覚もなければ自我すらなく、ふわふわしている。

白い色になにかが浮かんできた。

細い線の集まり。

いくつもいくつも同じ方向に並んでいる線だ。

(どこかでみたような線だな……これは和室の……)

和室の畳だった。

Eさんは畳の部屋に座らされていた。

強いお香の匂い。

「あれ？　どこ？　オレ何してるの？」

Eさんは意識が戻った。

横では友人と近所の教会のおじさんが、Eさんのようすをみて驚いている。

すぐ真うしろにいた住職が大声で叫んだ。

「効いたッ、ワシのお経が効いたぞッ！　みた？　ワシのお祓い！」

友人も近所の教会のおじさんも黙々とお菓子を食べていた。

「いったい何だったんでしょうね、あのおんな……」

あまりにも心当たりがなかったので、Eさんは住職に聞いた。
「知らん。そんなことより、ワシってすごいよね」といわれてしまったという。

紹介

Aさんの会社の同僚が「お祓いしてくれるひと知ってる?」と聞いてきた。

彼は知りあいの住職を紹介した。

怖いので詳細は聞かなかったし、興味もなかった。

後日、同僚がまた聞いてきた。

「住職さん、現場に来る途中事故で死んだよ。ほかにもお祓いできるひと知ってる?」

熱いタクシー

京都市内の四条から三条周辺にベタな怪談がある。

タクシーが女性客を乗せると、いつの間にかうしろの女性がいなくなって座席がぐっしょり……という昔からよくある話だ。

これと似て異なる話を聞くことができたので記しておく。


Sさんは数年前、関東からきた従兄《いとこ》のMさんを部屋に泊めていたことがあった。

Mさんの仕事は夜勤のタクシー。朝早くから仕事だったSさんとはすれ違いの生活で、どちらかの休みの日くらいしか顔をあわせることがなかったという。

ある夜、眠っているSさんは玄関を激しく閉める音で目を覚ました。

Sさんは機嫌悪くMさんを呼ぶ。

時計をみるとまだ午前三時半。Mさんが部屋に入ってきた。

「お前、もうちょっと静かに閉め……」

騒音を注意しようとしたがようすがおかしい。

彼は黙ってSさんがかぶっている布団に潜りこんできた。

「ちょっ、お前なにしてるねん、酔うてるんか?」

Mさんはガタガタ震えながらこんな話をはじめた。


客を探して河原町を流していたMさんは、手をあげているひとをみつけた。

線香のかおりと共に乗ってきたのは着物の女性だった。

「U市までお願いします」

女性は真っ青な顔だったという。

暗い道で乗せた着物の女性、そして昔からある怪談。それらが頭のなかで結びつき、Mさんは既に怖くなっていた。会話をしようと何度となく話しかけるが、女性はなにも答えてくれず恐怖が広がる。

「U市のどこらへんがいいでしょうか。駅でよろしいでしょうか?」

そう聞くと女性はボソリと答えた。

「……U霊園の前で」

もう生きた心地がしない。ルームミラーで確認すると女性はちゃんとうしろにいるが、うつむいた顔を何度もみることはできなかった。

U霊園まではすこし距離がある。まだまだ耐えなければいけない。

途中、信号で停まっていると歩道を歩いているカップルが手をあげ、すぐにおろした。

信号が青になり、先ほど手をあげたカップルの横を通りすぎるとき「なんやねん、誰も乗っていな……」という声が聞こえた気がした。

（乗っていな……？　なんだ、どういう意味だ？）

乗っていないのに、といっていたのではないだろうか。

（駄目だ……怖い）

ハンドルを持つ手が震えてきた。

はやくこのひとを降ろしたい。でも着いた先とて霊園なのだ。

どちらにしても怖い。

「運転手さん」

突然、女性が声をかけてきた。

「は、はい」

「……降りて欲しいですか？」

え？

突然の質問にミラーを見る。女性は相変わらずうつむいたままで変化はない。

なぜそんな質問を？　なんと答えれば？

Mさんは思い切っていった。

「じゃあ、次の信号で……」

いいかけた次の瞬間、バシャッ！　となにかがうしろで弾けた。

「わあッ！　熱ッ！　うわッ！」

急ブレーキを踏んで車を停車させた。大量の熱湯で車内はびしょびしょになっていた。

後部座席をみると女性はいなくなっている。

「やっぱり……！」

窓が曇るほどの湯気のなか、Sさんの家まで猛スピードで帰ってきた。

布団にくるまりガタガタ震えるMさんは確かにびしょ濡れだった。

Mさんは「関西は怖すぎる」と次の日にはSさんの家をでていったという。

病院の音

Aさんの友達、Iさんが酷い事故を起こした。

「バイクですわ。エラい事故やったみたいで。足の骨、イってもうたんです」

右足の骨折は何箇所にもおよび、入院を余儀なくされた。

「何ヶ月も入院となるといつでもお見舞いに行けるかなとか思ってもうて。全然、顔出せへんかったんやけど、やっと行く機会があって」

久しぶりにみたIさんは病院食のおかげで、痩せて健康的な顔になっていた。

「お前……もっと、はよ来いよ」

小言を呟きながらもIさんは嬉しそうにしている。

Iさんがいた病室は相部屋で他の患者は年配のかたが多かった。

足の怪我はやはり酷かったようで何度も手術をしているという。

「可愛いナースとかおるんちゃうん？」

「アホか。全然ここから動かれへんし、爺さんばっかりやから退屈で堪らんぞ」

そんな会話を交わしていると、Iさんは変なことをいいだした。

「お前、ゆうれい信じる?」

Iさんは声をひそめ「この病院、でるぞ」と真面目な表情になった。


深夜になると病院内はとても静かになる。

一日中ベッドから動けずにいるIさんは、いつも目が冴えて眠れない。仕方なく小さなライトを点けて本を読んでいるが、他の患者の寝息と本のページをめくる音しかしないなかで「それ」は聞こえてきた。

「いや、みてないからわからへんのやけどな。コマがついた荷台みたいなやつあるやん。夜の二時になったら、あれをキーキー押して、廊下を歩く奴がおるねん」

毎晩通る怪しい音のことをIさんは看護婦に聞いてみた。

「そうしたら、ナースの姉ちゃん、顔真っ青にして小声で言うねん。音、聞こえたら絶対ベッドから出たらアカンでって……ヤバいやろ」

「……ゆうれいやん。マジで?」

「超マジ。怖いやろ。だからこの病院……」

「兄ちゃん、それ違うで!」

突然、割って入った声にＩさんもＡさんも飛びあがった。

ベッドを仕切っているカーテンが開いて、隣のベッドの老人が顔をだした。

「びっくりした……なに、じいちゃん？　めちゃ怖いやん。なにが違うん？」

老人は妙に悟った顔をしていた。

「兄ちゃん、悪いけど窓、開けてくれへんか？」

自分のベッドの横にある窓を指さし、Ａさんに頼んできた。

「なに？　このタイミングで？」

あきらかに老人のほうが窓への距離は近い。手を伸ばせば届きそうなほどだ。

首を捻りながらもＡさんは立ち上がり窓の前に立った。

老人はＩさんに「兄ちゃんも聞いときや」というと、Ａさんにアゴで合図する。

「なんやねん、ジジイ……」

Ａさんは窓を開けようとしたが、重い。

立て付けが悪いのか窓はなかなか開かない。

「ぐ……ま、窓、固《かて》ぇ……」

必死に力を込めて窓を引くとキィ……キィ……と音を立てて開いていく。

「あッ、この音！」

「……せやろ」

老人はAさんとIさんにむかってドヤ顔をした。

毎晩聞いているのはこの音だという。廊下を通過していくと思っていた音は病室のなかで聞こえる、窓の開け閉めの音だったのだ。

「じゃあゆうれいと違うやん。じいちゃんが窓を開ける音かいな」

「そういうこっちゃ」

AさんとIさんと老人は三人で大笑いした。そして老人がひと言。

「窓、開けているのはワシじゃなくて、いきなり現れるオンナやけどな」

無人のバイク

深夜、コンビニにいったあと、Fさんは路地を歩いていた。

むこうから勢いよく曲がってくるバイクをみて、Fさんはギョッとした。

「そのバイク、ライトも点いていますし、カーブをきれいに曲がっていました。でも……誰も乗っていないんですよ」

街灯に照らされたバイクは無人で、ひとりでに走っている。

しかも、真っ直ぐにFさんのほうにむかってきた。

「一瞬、立ち止まりましたが逃げ場がなくて……」

道の真ん中にいたFさんは閉まっている店のシャッターのほうへ移動し、バイクをやり過ごそうとした。そしてバイクは通り過ぎた——と思いきや、寸前でぐいっとFさんへむきを変えた。

Fさんはシャッターを背にしたまま、バイクに衝突された。

音を聞いた店の人が出てきて、通行人たちが集まってくる。

Fさんは唸りながら強打した足の痛みに耐えていた。

見知らぬおじさんが「折れてるみたいや。救急車呼んだから、すぐ来るわ。それまで頑張り」と声をかけてくれた。何人かの通行人たちは無人のバイクが走っていたのを目撃しており、それを口々に話していた。

すぐに救急車がきてFさんは搬送された。

次の日、病院に事情を聴くため、警察官がやってきた。Fさんは、

「はい、間違いなく誰も乗っていませんでした」

そう話すと警察官は書類にFさんの証言を書きこんで帰っていった。

「バイクがひとりでに走ってきたなんて。普通、納得しないでしょう。なんか変だなとぼくも思ったんですが……」

退院して、家で療養していると男が訪ねてきた。男は首にポリネックと呼ばれるギプスを着けている。あのバイクの持ち主だった。

「てっきり、事故を起こしたバイクが運転手をふり落としたまま、勢いあまって僕のところまできたと思いましたが、すこし違ったんです」

彼は謝罪してから、こんな話をはじめた。

あの夜、彼は赤信号でバイクを停めていた。

信号が青になりアクセルをまわす。数メートル進んだとたん、いきなり首がボキボキッと音を立てた。激痛でそのままうしろに寝転がるようにバイクから落ちた。

男はアスファルトに倒れて苦しんでいたが、バイクはそのまま走り去っていった。

首の骨の一部を骨折していたのだという。

Fさんは、事故のショックで男が記憶違いをしていると思った。

「なぜならその交差点、僕がいた場所からかなり離れていたんです。僕のところまでくるには……」

無人のまま走り続けたうえに、道を二回、曲がる必要があった。

警察も当初、すぐ近くで事故を起こしたバイクがFさんに衝突したと思っていた。

しかしひとりでスピードをあげ、道を曲がっていくバイクを目撃した者がかなりいた。

あり得ない現象だが、警察も納得するしかなかった。

「中古で買ったばかりのバイクだったらしいです。わからないのは……」

なぜ僕が狙われたんでしょうね、とFさんは苦笑いした。

バイクは意思を持っているような動きだったという。

後日、怪談社の怪談師がこの道路周辺を調べた。

特に変わったところもなく、なんの情報も得られないと思ったが——。

怪談師はバイクがひとりでに走りだした交差点近くの路地を歩いていた。

大きく歪んだ跡があるシャッターの閉まった店をみつけた。Fさんがバイクに衝突されたたのはここではないのかと予想して、近所のひとたちに聞きこみをした。

すると予想通りだった。確かに暴走した無人のバイクが衝突したことがあると何人かから話を聞けた。

その店は長いあいだ営業していない店で、ひとり暮らしの老人が住居として使用しているとのことだった（そのときは長期入院で留守にされていた）。

バイクが衝突した箇所をよくみると、シャッターの上部分に御札が貼られていた。

写真を撮って調べたところ、それは魔除けの御札の一種だった。

御札は「悪いものを引き寄せて浄化する」効能であることが判明したという。

ダンスホール

いまから五十年ほど前——Mさんの若いころの話だ。

郊外で生まれたMさんは、自分の住んでいる場所が田舎ということが我慢できない時期があった。

「若かったからね。派手な服でバスを待っている女性みて、わあ、なんて綺麗なひとだろう、いったい、どこにいくんだろうって気になって仕方なかったわ」

それに比べて自分のまわりは土と砂埃、地味な服に同じ日常。学校に通って村で仕事に就き、一生ここで暮らすのかと思うとMさんは憂うつになっていた。

「戦争が終わって街は賑やかさを取りもどしているって聞いていたから、とにかく都会に憧れちゃってね」

十六歳になったMさんは街に遊びにいく友達とつきあうようになって、家族とよく喧嘩をするようになった。

ある日の喧嘩をきっかけにMさんは家出して街にいくことにした。

大きな建物、きらきら光るネオンサイン。自分の住んでいる場所にはないものがたくさんあった。友達に連れられて色々な場所にいき、様々なひとたちと逢った。

なかでも気に入った場所は、当時流行していた遊び場のダンスホール。いまでいうクラブに近いものだが、Mさんは魅了されてしまった。お酒、踊り場、生バンド。場所に合わせて服装も変えて楽しんだ。

だがわかる人にはわかるもので「アンタ、まだ若いんやろ。ここは子どものくるところやないで」とよく注意されていた。

「好きなひとがおってな。もう、めっちゃカッコよかってん」

彼に逢いたいがために、何度注意されても通い続けた。

彼はバンドマンのひとりだった。チョッキを着て蝶ネクタイを締め、真っ直ぐに立ち演奏する姿が、Mさんにはひときわ輝いてみえた。

そのころになると、あまり長い時間、店にいると目をつけられて追いだされるようになっていた。Mさんは彼が演奏する短い時間だけこっそり入りこんで、みつめていたという。

「なんとかしてしゃべられへんかなって思ってたけど、機会なくて……」

どうにかならないものかと悩んでいたが、チャンスは突然やってきた。

ある夜、Mさんは店の裏から外にだされた。

「ガキ、はやく家に帰れ！」

お金もないMさんに優しくする店員はすくない。外にだされたその場でどこにいこうかしばらく考えていると、再び裏口の扉が開き、目を疑った。

現れたのは、あの彼だった。

「……あれ？　いつもみにきてくれてる子やね」

自分にむけられた声に、Mさんの心臓が止まりそうになった。

それをきっかけに彼と裏口で逢い引きするようになった。

「逢い引きって、キャハハ！　そんなんじゃないの！」

キスとか肉体関係的なことはあったのですか？

僕がそう聞くとMさんは嬉しそうにビンタしてきた。とても痛かった。

「そのころはそんなことしないの！　ただ横にいるだけで、もうドキドキして、手なんかつなごうものなら、もう！　キャハハ！」

彼は礼儀正しくMさんに接してくれた。

そして演奏があるときは裏口で彼を待つようになった。彼もジュースを持って裏口にきてくれた。ほんの数分だけの、ふたりの時間。上手くしゃべれないMさんに気を使って、彼は面白いと思ったことや音楽の話をしてくれた。

とても嬉しく幸せなときだった。

ある夜、Mさんは裏口で彼を待っていた。
思ったよりもはやく扉が開いて、彼が現れた。
「あれ？　今日ははやいですね」
彼は「うん」とだけ答えて横に座り、Mさんをみて微笑んでいた。
Mさんは恥かしくてなにもいえない。彼もなにもいわず、みつめあった。
彼の顔が近づいて……きたら、どうしよう？　とMさんは考えていたりしていた。
しばらくすると彼は「時間だから」と立ちあがり裏口から騒がしい店内に入っていく。
扉が閉まる寸前に手を振り「バイバイ」といってくれた。
その時間、リハーサルの最中に落ちてきた照明にあたり、彼は亡くなっていた。

「いま思うと最後に逢いにきてくれたんやと思うわ。私のこと好きになってくれてたのか、どうか知らんけど……いい思い出や。ホンマにサンキュ、やわ」
Mさんはハンカチで目をぬぐった。

端島の怪

「僕も一回だけ視たことがあるけん」と居酒屋の店長、Kちゃんが語りだした。

あるとき、地元である長崎の友人たちと、泊まりで夜釣りにいこうかという話がでた。ちょうど船もあるし、行き先は軍艦島になった。

端島《はしま》。全長約四百八十メートル、幅百六十メートルほどの小さな島だ。石炭の採掘により一時は尋常ではない人口密集度となっていたが現在は無人島。日本初の鉄筋コンクリート棟が連なるように密集して造られている。高層の建物が島を占拠している外見が軍艦のように見えたことから軍艦島と呼ばれる島である。暗い歴史も持つが、世界文化遺産として登録されている。

「岸壁から釣りができるんですよ。オレら地元連中は軍艦島、よく行くけん、怖いいうイメージはなかったです」

魚籠《びく》を浸して夜の海にむかって並び、釣りを楽しんでいた。しばらく喋りながら楽しんだが「お前、あそこ行ったことあるや?」と友人のひとりが聞いてきた。

ところせましとたたずむ住宅団地。奥に進んでいくと小学校もあるらしい。

「ゆうれいがでるいう話はあったけんですね、いってみようかって、なったんです」

軍艦島の団地は恐らく日本で最も大きい廃墟といえる。

そこにKちゃんたちは入っていった。真っ暗でほとんどなにもみえない。ホコリだらけのコンクリートのにおいが鼻についた。懐中電灯で照らしながら建物の階段を一歩ずつ進んでいった。

かつて様々な家族が住んでいた場所。いまはかろうじて建っているだけに、崩壊の危険もあった。じゅうぶんに気をつけながらKちゃんたちは進んでいく。

棟のなかをある程度まわり、順々に上の階に進んでいった。

高い建物ばかりなのであがるのもおりるのも時間がかかる。

外にでるときは建物の外壁沿いの階段を使っておりた。八階までおりたとき、

「わッ、子どもがいる!」

先を歩いていた友人のひとりがいいだした。

「驚いたけど建物の高いところにいたんで、危ないので落ち着いてみたんです」

「子どもって、どこ?」

友人の視線と懐中電灯の照らす先に目をむけた。

階段の手すりがあるだけでなにもない。

それでも友人は「いま、絶対おった！　そこに子どもが！」といっている。Kちゃんたちは怖くなったが「まあまあ、落ち着いて。危ないから。とりあえずゆっくりもどろうや」と再び階段をおりだした。

すると、Kちゃんの前を歩いている友人の背中に光が照らされた。

「……この光は？」

自分の持っている懐中電灯ではない。

懐中電灯の射すオレンジの光色ではないのだ。

「どこから……？」

前を歩いていた友人もその光をみたらしく、足を止めて振りかえった。

うしろの、おりてきた階段を見上げているので、Kちゃんも振りかえった。

先ほど友人のひとりが「子どもがいる」といった手すりの柵。

その外側に光があった。

光は小さな人間の形をしており、外側から手すりの柵をつかみ、Kちゃんたちのほうをみていた。確かに子どものようにみえた。

「うおおッ！」

視てしまえばもう落ち着いてなどいられない。

Kちゃんたちは悲鳴をあげて、階段を猛スピードで駆けおりていった。

「それが唯一、僕が視たものです。やっぱり怖かったですね」

人の形をした光だが、やはり、ゆうれいという表現しかできなかったらしい。

呪怨

『呪怨』という題の有名なホラー映画がある。観たかたも多いと思う。Jホラーのランキング上位に常に入る恐怖映画。真っ白い顔の子どもや血まみれの母親に呪い殺されていくという話だ。

その『呪怨』に会ったことがあるとUさんは語りだした。

「小学生の頃の夏、林間学校があったんすよ。みんなで飯盒炊《はんごうすい》さんしたりキャンプファイヤーやったり」

先生たちが考えたプログラムに肝試しもあった。

「男女ペアになって。好きでもない女の子と一緒に夜道を歩かされるんす」

Uさんが当たった女子は割と苦手なタイプの子だったという。

「うわ、最悪やっ！　そう思てました。別に好きな子もいましたからね」

肝試しはスタート地点からぐねぐねした道を進んでいき、また元のスタート地点にもどるようになっていた。

何組かずつ時間差で進んでいく。Uさんとペアの女子が「なあなあ、もしさ、本物のオバケとかさ、出たらどうする？」と馴れ馴れしく聞いてくる。

「お前がオバケじゃって言いたかったっす。本物なんか出るワケないやんって」

Uさんは先生たちが配置されていることも知っていた。

案の定、帰ってきた他の生徒たちは「○○先生怖かったわ」といっている。

何組か帰ってきてから、こんなセリフが聞こえてきた。

「めちゃ怖い！　呪怨！　呪怨がおったわ！」

（じゅおん？　あの映画の？）

Uさんはみていなかったが、コマーシャルをみた限り、凍りつくほど怖かった。

先生があのメイクをしているということだろうか。

（それはそれで恐ろしすぎる……）

そうこうしているうちにUさんたちの番になった。

「もう、めっちゃくっついて来るんですよ、その女子。でも意外に――」

そこらへんは小学生、こういうのも悪くないな、と思ってしまった。

一本道はいくつかの街路灯があり、それほど暗くもない。

突然、白い布を被った先生が「わ！」とベタに飛びだしてきた。糸で吊るされたコンニャクが臭気とともに顔めがけてぶつかってくる。さらには草陰からわざとらしい唸り声。となりでは「いやあ！」や「ひええ！」と大きな悲鳴のペアの女子。

Uさんはすべてがくだらなく思えて、もう笑いだしていた。

しばらく進むと先にぼうっと光る草陰がみえた。

「イヤや！　あそこ何かおる！　怖い！」

この女子が騒ぐとなんか冷めるな、とうんざりしながら「……そういえば呪怨、まだ見てないな。あれが呪怨かな？」と草陰に近づいていった。光った草陰をみると――。

「呪怨がいたんです。はい、あれは間違いなく呪怨っす」

それ以外にいい表せないほど「呪怨」だった。草陰には真っ白い顔、上半身が裸の子供がいた。目の周りがパンダのように黒く塗られて体育座りの様なポーズ。

Uさんは腹を抱えて爆笑した。

「ハッキリいって、もう全然怖くないんですよ！　何やコイツみたいな感じで」

「全然怖ないいやん！」と笑い飛ばしてやったのだという。

呪怨を指さして「あはは！　似てる似てる！」と女子も笑いだした。

「さっきまであんな怖がってた奴ですら、似てるとか言うんすよ。もう誰がみても絶対怖くないんすよ。でも……」

呪怨はいきなり片手を伸ばすと、隣の女子の髪をつかんで引っ張った。

「痛ッ、痛いッ、やめて！」

無表情のまま、ぐいぐいと髪を引き続ける。

「やりすぎやろって思いました。何とか手を振り切って女子は逃げていったんす。僕もすぐにその子のあとを追いかけました」

肝試しが終わってからこの一件が問題になった。

驚かし役は先生たちだけで、子どもには手伝ってもらっていないという。

Uさんたちは「本当に子どもだったのか？」「この道の、どのへんで？」といろいろ聞かれて結局、先生たちと一緒にみにいくことになった。

「頭皮からちょっと血が出ていたんですよ、あの子。それで先生たちもマジモードになってもうて」

確かこの辺でしたとUさんは呪怨がいた場所を指さした。

草陰には誰もいなかった。

先生たちが調べていると、小さな杭がついた木の板がでてきた。

「……何や、コレ？」

先生は板をみると怪訝な顔になった。板には〈夜道に注意！〉という言葉と絵が描かれていた。その絵は、Uさんたちがみた白い子どもそのものだった。

「先生たち、みんな黙ってましたわ。だって、絵の子供……手の部分、塗料にたくさんの髪の毛が塗り込められていたという。

余談だが、高校生になったとき、Uさんはその女子と交際した。
これぞ呪怨の縁である。

動物に愛情を

Gさんはペット専門の火葬業者だ。

近年になって需要が増えた仕事だが、最近は火葬車を準備している業者も多い。火葬車とは火葬炉を積んでいる車で、大型の動物でもない限り、ほとんどの生き物の火葬に対処できるという。

「決して楽な仕事ではありません。ペットといっても家族同然の存在でございますので、その悲しみは計り知れないものがあります」

犬や猫だけではなく、爬虫類や虫でも呼ばれることがあるらしい。

「小さい動物のほうが、激しく取り乱すかたが多いと思います」

最後の見納めを終え、炉床に寝かせ、フタを閉じたところで「もう一度、拝ませてください！」と涙ながらに告別を繰りかえしていたのはハムスターを火葬するときのことだった。ひとのこころはかくも繊細なものである。

ある冬の日のこと、Gさんは慌ただしく道路を走っていた。

「忙しい日は何件も予約が入り、絶え間なく移動しています。炉を稼働させるといっても音は割と静かなので」

深夜でも予定を入れることができるという。

火葬自体の作業は一時間ほどで終わるのだが移動時間は長い。

その日の最終の依頼は、夜十時の予定だった。

連絡があったときに動物の種類を聞いて約束の時間を決める。

最後の客は小型犬を亡くしたかただった。

ナビが入力した住所に案内する。

家の前に着いたのは約束の時間ぴったりだった。

「大きな家でした。大理石を模した塀が立派で。車が二台同時に入れそうなガレージのシャッターがありましたし。ああ、ここはお金持ちなんだなと思いましたね。インターホンを押すと……」

塀のむこうで犬が吠えるのが聞こえる。

亡くなった犬以外にも何匹かいることがわかった。

玄関からでてきた男が門扉に近づいてきて――Gさんはギョッとした。

男はリードに繋いだ犬を連れているのだが、犬は横に倒れたままでズルズルと引きずられていた。驚くGさんをみて男は無表情のまま「時間通りですね」と声をかけてくる。慌てて自己紹介をして名刺を渡すが犬から目が離せない。

（本物の……犬か？）

雑種の犬は目を瞑ったまま動かない。

「あの……亡くなったのはこちらのワンちゃんでしょうか」

「これ？　いやだな。こいつは生きていますよ」

生きている？　生きているようにはみえない。

男がきた玄関までの道には、犬の血が細い線を引いていた。

「車、ガレージに入れてもらえますか。なかでお願いします」

男は門の鍵を開けて、犬を引きずってなかに入っていった。

「変な人だ、どうしようって思いました。でも帰るわけにもいかないですし……」

しばらくすると低いモーター音に合わせてシャッターが開いていく。

他に車は停まっておらず、ガレージから家の庭にそのまま続いているようなつくりだった。

ガレージに立っていた男は「どうぞ」と招き入れる仕草をする。

Gさんはいわれるがまま車をなかに入れた。エンジンを止めると男は「ちょっと待っててください。連れてきますから」と家のほうに歩いていった。

Ｇさんは火葬炉の準備をしようと車のうしろにまわる。

扉を開けて、遺体を寝かす台を引きだした。

男を待っているあいだ、庭のようすを眺めていた。綺麗に手入れされた庭。置物の犬が並んでいる。その犬がすこし動いた。よくみると――。

「置物じゃなくて本物の犬だったんです。それも何匹も。庭にずらっと並んで私をみていました」

六匹ほど並んだ犬たちはなんの動きもなく、ただじっとＧさんをみつめている。

その目には犬らしい生き生きとした光がない。

「思ったんですよ。あの男、虐待しているんじゃないかって」

Ｇさんも動物が好きなので怒りが湧いてきた。

引きずっていた犬だけでなく、もしや火葬する犬も虐待されていたのではないか。

獣医ではないがＧさんもたくさんの動物の遺体をみてきた。虐待した遺体ならすぐにわかるので、証拠をつかんで通報しようと思った。

男が家からでてきた。

手には赤いタオルで包んだ亡骸《なきがら》を持っている。

「お待たせしました。コレです」

Gさんはいつものように合掌すると「失礼します」と両手で遺体を受け取った。

（これが……本当に犬か？）

遺体は異様なほど重みを感じない。

頭と思われる個所がすこし重いだけで、全体的に軽すぎる。

「弱いヤツだったから痩せていてね。軽いでしょ？」

男は無表情でそういった。Gさんはそのまま丁寧に台の上に遺体を寝かせた。

（可哀そうに……）とより男に対して怒りが強くなる。

「そのままタオルごと焼いてくれませんか」

やはり、遺体を直接みられたくないようだった。

「……すいません、お客さま。火葬炉は遺体以外を焼くことができませんので、タオルを外させて頂いてもよろしいでしょうか？」

本当はそんな決まりはない。現に犬や猫の玩具も一緒に焼いたこともある。男が遺体を隠そうとしているとしか思えなかったのだ。

「……みないほうがいいですよ？」

「なにかみせられない理由でも？」

勢いで思わずいってしまった。

Gさんの目をみて男は——口元を歪ませて笑った。

「……なら、どうぞ」

こうなったらもう引けないので、Gさんは巻かれていたタオルをめくった。

「ひっ!」

思わず声がでて、うしろにさがってしまう。

タオルのなかは……やはり犬だった。

でも、痩せているという表現は的確ではなかった。

犬は水分のないミイラのようになっていた。さらにミイラの首の部分に生々しい頭だけの別の犬が噛みついている。大きく見開かれた目、怒りに満ちた表情。血走った目玉が動いてGさんを睨みつけた。

「うわあッ、なんなんですかッ! これはッ」

恐怖に耐えきれず叫ぶと、男はげらげらと笑いだした。

Gさんは車に飛び乗るとそのまま逃げだしてしまった。

会社に戻ってからも震えが止まらず社長に相談した。

不気味な話に社長は頭を抱えて、やはり虐待の可能性があると判断。

結局、警察に通報することになった。

後日、警察から電話があったと社長が教えてくれた。

男の家にいったところ、引っ越しをしたあとで誰も住んでいなかった。

一応、近所に聞きこみして調べた結果、虐待の情報は得られなかったらしい。

しかも話によると犬を一匹だけ飼っている家のはず、ということだった。

「確かにインターホンの向こうで鳴く犬たちの声、引きずられていた犬、庭に並んでいた犬たちがいました。あんなに十何匹もいて近所に知られないはずはないのに」

頭だけで生きていた犬の恐ろしい目が忘れられない、とGさんは震えた。

男は何者だったのか、見当もつかないという。

祟り

「蛇とかマジで祟ってくるよね。遊びとかで殺すもんじゃないわ。でもさ、子どものときのことくらい大目にみて欲しいと思うんだけど。いやあ、厳しいわ」

そういって苦笑いした男性の首には、ウロコ状のアザがくっきりと残っている。

録音

Eさんは葬式のときの読経をスマホで録音した。

「住職がひとり、参列者はちょっとって感じの寂しい葬式だったからさ。もしかしたら、ゆうれいの声とか録れているかと期待してさ。やっぱダメだったけどね。そんなに簡単じゃないな……あ、あった。ほら、コレだよ。お経の声」

普通に録音されていたが、なぜか三人ぶんの声が同時に読経しているものだった。

喧嘩した彼女

ある夜、Mさんは同棲している彼女と喧嘩をした。

彼女は、自分の気に入らないことを、なにかしらの理由をつけて文句をいうところがあった。結局は本人のプライドが高いだけなのだが、Mさんはそれが苦痛で仕方がなかった。世のなか正論がすべてではないと思っていたのだ。

顔をあわせたくないときは距離をとりたい。しかし、住んでいるのがワンルームマンションなのでそれもできない。否が応でも同じ布団に入らなければならないので、その夜もMさんは彼女に背中をむける形で眠っていたという。

深夜、気配を感じて目覚めると、自分の目の前に誰か正座していた。

顔をあげると、彼女が不満いっぱいの表情でMさんを見下ろしていた。

Mさんは（陰険なおんなだな）と思った。面倒くさかったのですぐ目を閉じ、無視することにした。寝返りを打つと、目の前にすやすや眠っている彼女がいる。

（え？）

正座しているのも彼女で、眠っているのも彼女。同じ彼女にはさまれていた。

Mさんはもう一度寝返りを打って、うすく目を開けた。

正座している彼女がいた。

一方、背中にも寝ている彼女の手が当たっている感触があった。

どういうことかわからずにいると、正座している彼女がぼそぼそとなにかをつぶやいているのに気づいた。低い声なのでなにをいっているのかまでは聞きとれない。

どうしても恨み言のように思えてきた。

恐ろしくなり、布団のなかにもぐりこんで眠ろうとした。

しばらくしてもう一度顔をだして確認すると、もういなくなっていた。


朝起きると彼女が「昨日の夜って気づいた？」と聞いてきた。

「なにを？」と聞きかえすと「わからないならいい」といわれた。

「すぐに別れると怖いので、仲直りしてしばらくしてから別れました」

Mさんはそういって苦笑いを浮かべた。

床下の壺

そのころ、Uさんは害虫駆除の仕事をしていた。

不思議な体験ありますか？　と聞いてみたところ、こんな話をしてくれた。

ある夏、京都の福知山にある家にいくことになった。

築七十年以上の旧家で、いままで一度も害虫駆除を頼んだことはないらしい。特に虫が大量発生しているというワケではないが、シロアリがでる前に定期的に薬を散布して欲しいとのことだった。

薬を散布する前に検査をしなければならない。

家の畳をあげて、その下にある床板を外し、床下への入口をつくった。

床下をのぞくと、ちょうど仏壇の下あたりに古い井戸があるのがみえた。

家の下に井戸があること自体は珍しいことではない。

しかし、その井戸はなんだか普通じゃない感じがしたのだという。

「音がしていたんです。カチャカチャというか、コトコトというか」

畳を開けたときから音は聞こえていたが、どうもその井戸からのようだった。

Uさんが「なにか音がしますね」とご主人に聞く。

「確かに音するな。さっきからずっと。なんの音やろか？」

「これって、いつもは聞こえないんですか？」

「さっき、キミが畳あげたときから聞こえだしたような気ぃするけど」

ご主人もわからないらしく、とりあえず床下に入ることにした。

ライトで照らしながら床下をはっていき、先にほかの束柱をチェックする。ぐるりと一周して問題の井戸にもどってきた。相変わらず妙な音は聞こえ続けている。

井戸に近づくと妙なものがあった。

「……なんだろう、これ」

井戸を囲むように、いくつものちいさな壺が並んでいた。

上に置くだけの簡単なフタがしてある、陶器でできているものだ。

ぱっとみただけでも十個以上は並んでいる。

そのうちのいくつかが揺れて隣の壺とぶつかりあって音がしていた。

だが、よくみると他の壺もほんの微かだが、揺れているのが確認できる。

（……なぜ揺れているんだ？）

Uさんはそのひとつに手を伸ばしてみた。すると、揺れはぴたりと止まった。

両手で持ってみると思ったよりも重い。

(どうしてこんな重いものが揺れていたんだろう?)

横にするとフタが外れてしまいそうだ。

注意しながらひとつをご主人にみせるため運んでいった。

Uさんは床下からでると、持ってきた壺をみせて、井戸のまわりの状態を説明した。

「これなんでしょうね……なんか骨壺っぽいんですけど」

「うん、ワシも骨壺にみえるな」

「なかが気になりますね。どうぞ開けてみてください」

「あんた、開けてみいな」

「はあ……いやですね。ちょっと開けられないです。開けてくださいよ」

「ワシかてイヤや。開けたら開けたひとが祟られるっぽいし。だから開けてや」

「余計にイヤですね。家長の責任として開けてくださいよ、男らしく」

「お、言うようになったな。でもイヤや。怖いもん。はよ開けてや」

結局、どちらも開けなかったので仕方なく元の場所にもどすことになった。

壺を持って再び井戸にいくと、さっきまでの揺れはすべておさまっていた。中身は骨だったのか、なぜ井戸のまわりに置いていたのか、なぜ揺れていたのか。
すべてわからないままだという。

押入れから

Tさんという男性がずいぶん若いときの話である。

あるとき、友人のBさんに呼びだされた彼は金を貸してくれと頼まれた。

数万円程度だが、困っているというので仕方なく貸すことにした。

「すまん。ぜったい来月一日にはかえすから」

そして、約束の一日がやってきてTさんはBさんに電話をかけた。

「用意してるで。ありがとな。利子代わりにおごるから飲みにいこうや」

迎えに来てや、と調子よさそうに彼は笑っていた。

Tさんがインターホンを押すとBさんが顔をだした。

「はやいな。用意するから、ちょっと部屋に入っとき」

部屋に入れてもらうとすぐに「これ。ありがとうな助かったわ」と金を渡された。

「約束どおり、かえしてくれるのは嬉しいけど。大丈夫なんか？」

「ああ。ちょっと他に収入もあったから、もう大丈夫や」

「そうやなくて……お前、なんか痩せてるぞ。体調悪いんか？」

数日前よりもBさんは痩せこけており、なんだか顔色も悪くみえたのだ。

「ああ、なんか不眠症みたいになってもうて。なんや寝つきが悪くてな。なかなか寝られへんかったんやけど、昨日は眠剤のんだから今日は調子ええねん」

「不眠症って……そんな繊細な性格、違うやろ」

「いや……なんか知らんけど、変な夢ばっかりみるねん。それがな」

Bさんはこんな夢をみるのだと話しはじめた。

寝室のベッドで眠っていると、部屋の押入れの戸が揺れはじめる。

驚いたBさんは躰を起こそうとするが、まったく動くことができない。

そのあいだ、がたがた揺れ続ける戸から目が離せなくなる。

突然、揺れが止んで——ずずッと音を立てながら押入れが開いていく。

戸が開ききると、押入れのなかは真っ黒い闇が広がっていた。

なにも起こらないと思いきや、いきなりおんなが現れる。

Bさんを睨みつけながら怒りの形相で、ずるずるッとにじり寄って——。

「そこで汗だくで飛び起きるんや。電気つけても誰もおらんし、押入れも閉まってるし。ひと晩に何回もそんな夢みるから、もうぜんぜん眠られへんねん」

そういった不思議なことを信じがちなTさんは、すこし考えてみた。

「うーん。もしかしたら、原因になるものが押入れにあるんやないの?」

「押入れか……なんかあったかな。ちょっと調べてみるか」

ふたりで寝室にいき、押入れを開けてみた。

使っていない布団が入っており、そのうえに小物や雑誌がのっている。どうやら必要のないものを押入れに放りこむ癖が、Bさんにはあるようだった。

「……ん、なんやコレ?」

布団の奥からブランドのバッグがでてきた。

「お前、彼女おらんやろ。誰のバッグや? なんでこんなもんがあるねん」

「ああ、それ、なんやったっけ。えっと、確か……」

開けてみると化粧道具やパスケースのようなものが入っていた。

「なんやこれ? 定期入れか?」

開けてみると、若い女性と中年男性が写っている写真があった。

「あッ! このおんなやッ」

写真を指さして叫ぶと、Bさんは真っ青になって震えだした。

「このおんなが夢で、押入れからでてくるねん！」

「……お前、このバッグどうした？」


Tさんが問い詰めて白状させたところ、Bさんはひったくりの常習犯だった。

押入れに入っていたバッグも、ひったくりをして手に入れた物らしい。

「……そのおんなのひと、無事やったんか？」

ひとりで歩いている女性や老婆を標的にして、原付バイクでうしろから近づきひったくる。無理やり荷物を奪いとる衝撃で、引きずられる者や倒れる者もいるらしい。

バッグの持ち主の女性にかんしては無事だったとBさんはいい張った。

Tさんは本気でBさんを怒鳴りつけて、二度とそんなことはしないと誓わせた。

Bさんはすぐにそのバッグを捨てにいった。

その後、おんなが押入れから現れる夢をみることはなくなった。

やはり押入れに入っていたバッグが原因だったようだ。

そして次は、玄関からおんなが入ってくる夢をみるようになった。

この話は後日談があったが、掲載を見送っていた。Tさんから「ちゃんと書いたらよかったのに」といわれたこともあって今回は記しておく。

Bさんはこの出来事の数日後、飛び降り自殺をして亡くなっている。

遺書などはなかった。深夜にトランクスだけで外へでて、住んでいるマンションから五十メートルほど離れた別のマンションに侵入して飛びおりた。

目撃者もいないため、なにがあったのかは一切不明である。

最後の言葉

Yさんが伯父の臨終の場に立ちあったときの話である。

以前から入院をしていることは知っていたが休みがとれず、なかなか病院にいくことができなかった。仕事がひと段落したので初めてお見舞いにむかった。

病室にはYさんの両親も伯父の家族も、医者も看護師もみんなそこにいて、慌ただしい雰囲気だった。どうやら危篤状態のようだ。挨拶をする時間もなく、Yさんはそのまま臨終を見届けることになってしまった。

亡くなる寸前に伯父の妻が「いまなんて？　いまなんて？」と問いかけていた。

「最後になにかいったのでしょう。でも、そこにいた誰も聞きとれませんでした」

遺体が家に運ばれて通夜がはじまった。

親せきたちが、白い布をかけられた伯父のまわりで話をしていた。

伯父の娘が「父ちゃん、最後になんて言ってたんやろか……」とつぶやいた。

息を引きとるとき、いちばん伯父の顔に近いところにいた妻でも聞きとれなかった言葉が、みんな気になっていたようだ。

娘の発言で静寂に包まれた、そのとき――。

「死にたくないって言ったんやで」

「いまのはどこから聞こえたんやって騒ぎになりました。天井から聞こえた、いや遺体から聞こえた。いろいろなことをみんな言っていましたが、私ハッキリみていたんです。あの『死にたくないって言ったんやで』と言ったのは、質問をした娘さん本人です。なぜか娘さん本人もまったく自分が発言したことをわかっていませんでした。ただ、そのときの声は娘さんのものではなく別人の、男の声でした」

砕けた顔

キリスト教の信者である、ぼくの友人Ｉさんに「マジで神さまとか信じちゃってる？」と冗談まじりで聞いたことがある。彼女は「もちろん！」と笑って答えた。

ある日の昼すぎ、娘を迎えに幼稚園へむかった。

園では世間話をする親たちと、はしゃぎまわっている子どもたち。

Ｉさんは園の前で自転車を停める場所を探していた。

「ママ！」

自転車を停める前に娘が先にＩさんをみつけた。

そのまま園の門から勢いよく飛びだした。門の横には園舎の工事のためにきているトラックが停まっていた。そのトラックの横を娘が走り抜けようとしたとき。

その娘の姿が消えた。かわりに丸太のような大きな木材が何本も、娘のいた場所に伸びていた。荷台に積んであった木材がずれ落ち、その先端が走ってきたＩさんの娘の顔に直撃したのだ。吹っ飛ばされた娘は人形のように倒れていた。Ｉさんが駆けつけて娘を抱き寄せたが意識はない。すぐに救急車がきて病院に搬送されていった。

午後九時を過ぎたころ、Ｉさんは玄関の扉を開けた。

一緒にもどってきた娘は「お腹すいた！」と呑気なものだった。病院に運ばれて精密検査を受けたが異常はなかった。それどころか直撃したはずなのに娘の顔には傷ひとつなかった。あれだけの事故にもかかわらず娘は気絶しただけだったのだ。

食事を作る前に祈りを奉げようと、Ｉさんは祭壇の前に座った。

今朝祈ったときにはなんともなかった陶器のマリア像の顔が、粉々に砕けていた。

「いまでも感謝して祈ってるし。神さまはおると思うよ」

Ｉさんはそういって屈託のない笑顔を浮かべていた。

ラブホテルの子ども

淀川区で水商売を営んでいるTさんの話である。

彼はある女性のお客さんと親密な関係になった。

店が終わって帰るのが面倒くさいときは、ふたりでラブホテルに泊まっていた。


ある夜、酔っぱらったTさんを彼女が迎えにきた。彼女は泥酔したTさんをみて、とても帰れる状態じゃないと判断し、そのままホテルに連れていった。

Tさんは部屋に入ると、倒れるようにベッドで眠ってしまった。

彼女はシャワーを浴びてからTさんの横に寝転がったという。


しばらくしてTさんは目を覚ました。

躰を起こして「トイレ」とつぶやいて立ちあがった。

用をすませてトイレからでると、彼女が上半身を起こしてベッドからTさんをみている。

「まだ酔ってたんでね、なんや起きとるやん、ともなんとも思いませんでした」

Tさんは彼女が眠ってなかったのを疑問には思わず、ふらふらとベッドにもどるとまた倒れこんで眠った。

しばらくして、Tさんはまた尿意で目が覚めた。目をつぶったまま、躰を起こしてふらふらとトイレにむかう。用を足しながら「ああ、呑みすぎやぁ」と情けない声をだしてベッドにもどると、先ほどと同じように彼女が上半身を起こし、こちらをみていた。

一瞬、疑問に思ったが、やはり気にせずTさんは眠った。


昼過ぎになりTさんと彼女はホテルをでた。

お腹が空いていたので近くのファーストフード店に入った。

注文をしてから席に着き、珈琲を飲んでいると彼女が聞いてきた。

「なあ……昨日の夜、ホテルで気づいてなかったよね？」

「ん？　なにが？　なんかあった？」

「ホテルの部屋……ゆうれいおったで」

「……は？」

彼女はこんなことをいいだした。

シャワーを浴びたあと、すぐに彼女もTさんの横で眠ろうとした。

ふいに気配を感じて顔をあげると影がみえた。目を凝らすとソファの横に女の子がいる。

小学生くらいだろうか。ひざを抱えてしゃがみこみ、じっとこっちをみていた。

ぞッとした彼女は女の子のほうをみないようにした。

そのまま眠ろうとも思ったが怖くて眠れない。

困っていると、Tさんが目を覚まして「おしっこ」とトイレにむかう。

トイレはソファの横を通らなければならない。女の子はしゃがんだままTさんの顔をみつめていた。Tさんはふらふらと歩きながらソファに近づいていく。

すると女の子が立ちあがった。

そしてTさんのうしろについていき、一緒にトイレに入った。

彼女は唖然とトイレのドアをみていた。

Tさんが女の子に気づいて悲鳴をあげるかもしれないと思った。

しかしTさんは用を足したあと、普通に女の子と一緒にトイレからでてきた。

女の子はソファの横に、Tさんはベッドにもどる。

そのあとも、Tさんがトイレにいくたびに女の子はついていった。

ホテルをでるときには、もう部屋にいなくなっていたそうだ。

ファーストフード店でTさんは固まってしまった。

そのあと、恐怖のあまり「お前な、常識的に考えて、そういうことは黙っておくのが恋人同士のマナーやろ」と彼女に意味のわからない説教をはじめてしまった。

「本気で聞きたくなかったことって、ありますよね。彼女に『オレ、トイレにいったの二回やんな?』って聞いたんです。二回いったのは覚えてましたから、ゆうれいも二回ついてきてたんかなって思って。そしたらアイツ首を横に振って言うんです」

彼女は「めちゃくちゃ何回もいってたよ」と答えて、Tさんを青ざめさせた。

樹海にある物

ある秋、Ｙさんが友人たちと樹海を探索しにいくことになった。

「ぼくたちは心霊とか、特に興味ありませんからね。もしかしたら死体とかみつけちゃうかもっていう好奇心です。遭難することでも有名な場所なので、わりと準備していきましたよ」

そこまで奥地に足を踏みいれるつもりはなかった。一列になって進む。道に迷わぬよう木にくくりつけたロープを最後尾のＹさんの腰に巻いた。

「長いものを用意しましたけど、やっぱり百メートルくらいが限界ですね」

ワクワクしていたＹさんたちだったが、いざ樹海に入るとやはり緊張感があった。

ぐねぐねと奇妙に歪んだ地面を歩いていく。

すぐうしろには通行量の多い道路があるはずなのに、車が通る音が反響して、どこが道路の方向かすでにわからない。ときおりリュックサックやカバンが落ちており、みんなで拾っては物色していたが、ほとんどたいした物が入っていない。

例えば筆記用具、ライター、小説、小銭、服、手袋、玩具、紐、剃刀、空の薬瓶……。

場所が場所なだけに、Yさんたちはいろいろな想像をした。

なにかをみつけるたび、カメラを持ってきた友人が嬉しそうに写真を撮る。

友人のひとりが「あそこ、なにかぶらさがっているぞ」と指さす。

枝に小さなポーチがぶらさがっていて、ゆらゆら揺れている。

「いま思えば、あんなに揺れていたのに風がなかったのもおかしいですよね」

Yさんたちはポーチのほうへむかった。

木の枝からポーチをとり、なにが入っているのか調べる。

老婆の写真が一枚、そして遺書と書かれた封筒が入っていた。

「さすがに遺書は……」と顔を引きつらせる者もいたが「いいじゃん、開けてみようぜ」と興奮している者もいる。

「すげえじゃん、開ける前に写真を撮らせてくれよ」

地面にポーチと老婆の写真、そして遺書を置いてファインダーをむける。

するとピシッと音がしてレンズが割れた。

驚いた友人たちが「え?　いまなんで……」と声をだした瞬間。Yさんの腰につながれたロープに力がかかった。バランスを崩したYさんがうしろに倒れこむ。

そのままザザザッと、もの凄い力で引っぱられた。

「うおおッ」

Yさんは五メートルほど引きずられて止まった。

あわてて立ちあがって引っぱられた方向、ロープの伸びているほうをみる。

そこには誰もいない。カメラが割れ、Yさんが引きずられるあいだ、みんな凍りついていた。走って逃げたい状況だが、道に迷うことをおそれて誰も動けない。

誰がいうでもなくポーチに写真と遺書をもどした。

「そ、そろそろ、もどろうか」

反対する者などおらず、きた道を歩きはじめる。

ぱきッと枝が折れるような音がするたびに全員がうしろを振りかえった。

「なあ、なんかオレたち以外の足音するんだけど、気のせいか?」

友人のひとりがそう尋ねたが誰も答えなかった。

Yさんは立ち止まり、うしろを凝視した。


長い黒髪のおんながYさんたちについてきていたという。

止まった時計

阪神淡路大震災のとき、Ｄさんはボランティアのため神戸にいた。

避難所でたくさんのひとたちが、どういう状況で助かったのかを話している。ボランティアの仕事としてお年寄りのようすをみてまわっていたＤさんは、あるグループで話していたひとり暮らしのおじいさんの話を耳にはさんだ。Ｄさんだけではなくほかのひとたちも輪になってこの話を聞いていたが、やはり大変に驚いていた。

一ヶ月ほど前、おじいさんは家の振り子時計が止まっているのに気づいた。

おじいさんは電池を入れ替えてみたがまったく動かない。どうも壊れてしまったようだ。捨てようとも思ったが、亡くなったおばあさんと一緒に買った愛着のある振り子時計。なんとなく止まったまま壁にかけていた。

動かず役に立たない時計でも、いままでの習慣で何度もみてしまう日が続いた。

ある朝、眠っていたおじいさんは自分以外は誰もいないはずなのに、揺さぶられた。

――おじいさん、おじいさん。

目を開けると、亡くなったおばあさんが横に座っていた。

おじいさんは驚いて、躰を起こした。

「お前……なにしとるんや」

おばあさんはゆっくり、ゆっくりと指をさした。

——時間ですよ。

さされた方向には、止まったままの振り子時計があった。

おばあさんはゆっくりと立ちあがり部屋の入口にむかった。そして振りかえり、おじいさんがくるのを待っているようだった。おじいさんも立ちあがり呼ばれるまま、おばあさんについていく。

ふたりで部屋をでて、玄関までやってきた。

おばあさんが玄関の戸を開ける。そしておじいさんに、

——さあ、どうぞ。

おじいさんが外にでたとき。

暗かった空がぱッと明るい光を放ち、凄まじい轟音が鳴り響いた。

地面が大きく揺れて、とてもじゃないが立っていられない。おじいさんが「うわ、うわッ」と倒れるのと同時にうしろの自宅が倒壊していった。

揺れがおさまるころには周囲の住宅、ほぼすべてが全壊していた。

まわりを見渡したがおばあさんの姿はなかった。

いつものように寝ていたら家の下敷きになっていたはずだ。

（助けられた！）


この話をＤさんもふくめ、その避難所のみんなが聞き入っていた。

そして最後におじいさんはつけ加えた。

「一ヶ月前から止まっていた振り子時計の時間が――五時四十六分」

ランドセルを

Kさんは中学生のころからアルバイトをしていた。

当時はバブルの真っ只中だったが、Kさんの父親は事業に失敗してしまい生活は大変だった。苦しい家計を助けたいと彼自身がいいだした案だったという。

アルバイトは新聞配達のため、まだ明け方の暗いときからKさんは家をでる。

寒い季節は特に辛かったが、仕事仲間は彼に優しかった。


Kさんには年の離れた妹がいた。

とても仲がよく、年が離れていたぶん余計に可愛かった。

どこにでも「あたしはお兄ちゃんといく！」とついていきたがった。

しかし妹は躰が弱く、すぐに熱をだした。

よく病院に連れていかれたのだが、その費用すらきつい家計だった。

このままだと来年、妹の入学準備ができない。

Kさんはそれをなんとかしたかった。

自分が小学校に入学したときは親にいろいろな物を買ってもらった。新しい筆記用具、ピカピカの黒いランドセル、折りたたみができる綺麗な机。それが妹に用意できないということがKさんには辛いことだった。

自分の稼いだお金がすこしでも家計の足しになればいい。

そして、できれば妹に赤いランドセルを買ってあげたい。

(春、赤いピカピカのランドセルを妹に――)

そんな目標がKさんにはあった。

十二月の深夜、妹の咳が止まらなくなり、両親は救急車を呼んだ。

救急車に乗る前、母親はKさんをひとりにさせないように、

「今日は新聞配達休んで、あんたも一緒に病院いこう」

そういったがKさんは救急車に乗らなかった。

「僕、いいから、お母さんいってあげて」

しかし、妹は泣きながら訴えてくる。

「お兄ちゃん、いっしょにきて」

本当は凍えるような寒さのなか、新聞配達をするよりついていきたいと思った。

でもアルバイトにいって、すこしでもお金を作ったほうが妹の力になる。

「あとで病院いくから。いい子やろ」と妹の頭をなでた。

救急車を見送ったあと、時計をみるともう出勤時間だった。

Kさんは家に入って急いで服を着替えた。靴を履いて玄関を開ける。

妹が外でチョコンと正座をしていた。

「お前、何してるねん！　大丈夫なんか？」

妹はにっこりと笑うと、立ちあがってKさんにぎゅっと抱きついた。

「お兄ちゃん、だいすき」

そういうとKさんの腕のなかで、すうっと消えた。

泣きじゃくる母親の電話にでたのは、新聞配達から帰ってきてからだった。


三月になって墓前にKさんは赤いランドセルを供えた。

念願のピカピカのランドセル。

どうか、あの世がありますように——と。


年月は流れて平成二十七年、Kさんの長男が小学校に入学した。

新しいランドセルをみせると長男はとても喜んだ。兄が喜ぶのを横でみていたまだ幼い妹、Kさんの娘は「そうや！」と叫んで、Kさんの耳元でこんなことをいった。

「パパ、おはかの、ランドセル、うれしかったよ」

どうですか

コロナ騒動がはじまってからというもの、なぜかわからないが怪談社のウェブサイトや怪談師のダイレクトメッセージに届く怪異体験談が倍になった。内容は些細なものから大変なものまで幅広い。そのなかのひとつにこんなものがあった。原文ママである。

うちの幽霊、竹しょぼうの本が、大すきで、つくった人にあいたい、書いているひとと、へんしゅう者に、おもく乗って、はなれたくないからよろしくおねがい

確かに最近、ぼくは肩がこっているけど、そちらはどうですか？

暗黒の夜

四月八日
仕事も住む場所もなくなった僕にSさんが働き口を紹介してくれた。

Sさんは以前、夜のバイトで雇ってくれていたのだが、店を辞めた後も僕の面倒をみてくれているいい人だ。

「お前にいい仕事があるから」

そう言われて来たのがこのアパート。もうとっくに電気も止められているし誰も住んでいない。ここに住むだけでお金が貰えるというのだ。住むだけ。本当に住むだけでいいらしい。

時々訪ねてくる人に「住んでいるから」と言うだけでいい。

ただ証拠（?）として日記を時々書けと言われた。どういう意味かはわからないけど、それだけで食事代を毎月貰えるし、ちょうど夏になる前にはそこそこ大きい金額が貰えるのだとか。

本当にSさんはいい人だ。Sさんの言うことを聞いていれば間違いない。というわけで今日からここに住むことになった。頑張ろう！

四月九日
さっそく昨日の夜、誰かがやってきた。

「夜誰かが来たら出なくてもいいから」と言われているので出なかったが部屋のドアをノックする音が何回か聞こえた。

気になるのはノックが三時間ほどかけてゆっくり何度もあったということ。ということは三時間も長い間ドアの前にいたのかなあ。

何だか気の毒だけど、Sさんに言われていることはちゃんと守ろう。

四月十日
ここはテレビがないから少しさびしい。

前の家ではテレビを観るのが好きだったもんなあ。まあ、テレビがあっても電気がないから観れないか（笑）。暗くなったらロウソクのあかりで漫画を読んだりしている。

退屈だったから他の部屋も見に行ってみた。

ほとんどの部屋は開いているけど隣の部屋だけ開かなかった。

人の気配はないし誰もいないとは思うんだけど。

それにしても退屈だ。

そういえば昨日の夜もノックされた。どうして深夜に来るんだろう？

四月十三日
ちょい久しぶりの日記になる。

やっぱり僕は日記が得意じゃない。連続して続けることは苦手だ。

でもこの数日のうちにいくつか気づいたことがあるので書いておこうと思う。

このアパートは少しおかしい。入り口からこの部屋に入るまで、板が抜けるのではと思うほどぎぃぎぃと床のきしむ音がする。五日目の夜くらいにわかったけど、夜中にノックをされる前、きしむ音が全然しない。

入り口から来てこの部屋の前を通るには、廊下を十歩以上は歩かなければいけない。

でもノックされる寸前にその音を聞いたことがない。

いつもトン、トンと突然ノックされる。

あとシミ。天井にシミがある。

初めて来たときにあのシミ、あっただろうか。

ちょうど僕が寝ている顔の真上に丸くシミが浮かんでいる。最初は雨漏りか何かかなと思ったけど、しばらく雨なんて降っていない。一体何だろう?

もうひとつ気になることがある。

ノックが鳴るとき、隣の部屋で声が聞こえてくる。

ささやくような声。やっぱり誰かいるのかな。

四月十四日
今日Sさんがたくさんの差し入れと食事代を持ってきた。

嬉しかったけど、変なことを言っていた。

「外からこの部屋の窓見えたけど、お前以外に誰かいるのか?」

Sさんは本当に冗談がうまい。

四月二十二日
また久しぶりの日記。
七月になるとお母さんの誕生日がある。家が貧乏だったから僕は誕生日に何かプレゼントをもらったことはないんだけど、誕生日が来るたびに小さなケーキを買ってきてくれたのを覚えている。

お兄ちゃんがすぐに僕とお母さんに手を出して毎日大変だった。

もしお父さんがいる家庭だったらあんな毎日じゃなかったかも。

今もお兄ちゃんは仕事もせずに女を家に入れて、お母さんは肩身の狭い生活をしているんじゃないだろうか。最後に会ったのが六年か七年前だったからもう長いこと会っていないな。お母さん、優しいから今も黙って殴られているはず。

僕がお兄ちゃんを怖がっているとき、僕の頭をなでて大丈夫だよって言って、いつも安心させてくれたお母さん。

Sさんの話だと夏前にはたくさんお金がもらえるらしい。

お母さんにプレゼントを買って帰ること。

これが目標だ！　七月って夏前って言えるのかな？

そろそろノックされる時間だ。もう寝よう。

四月二十四日
昨日変な夢をみた。
僕が首を吊る夢。

息ができず首のうしろが痛くなってバタバタ暴れるのだけど、そのまま死ぬ夢。

そういえば汚い布団の中で、せきが止まらなくなって血をいっぱい吐く夢もこの前みた。

ビンの薬、全部飲んで死ぬ夢、包丁でざっくり刺される夢、自分で手首をカミソリで何度も何度も何度も切る夢もみた気がする。

ここに来てから死ぬ夢が多い気がする。ユメミが悪いってやつかな。

四月二十六日
昨日もノックされた。だんだん気になってきた。何だろう？

四月二十七日
夕方、退屈だったから隣の部屋を調べてみた。

強くドアを引っぱったら鍵が壊れて開いた。

中を見てびっくりした。

紙がいっぱい貼ってあった。全部の紙に同じ文字が書かれていた。キョンシーの頭にあるやつみたいでちょっと面白い。

鍵を壊したドアの内側にも紙は貼ってあった。

四月三十日
怖い。このアパート、怖い。

昨日、ノックの音が気になって返事をしてみた。

「誰ですか？」って。するとノックが止まって静かになった。

と思ったら強く何度もドアを叩かれた。

ベニヤみたいなドアだから破られるかと思った。うるさい音も怖くなって「開けますからやめてください！」って言うと静かになった。

おそるおそるドアを開けたら誰もいない。え？　何で？

廊下に出て探してたら、ぎいいって音が聞こえて、隣のドアが開いた。

床の低いところなのに、女の人が顔を出した。

長い髪の太った顔。

どうやって顔を出しているのかわからなかった。首しかないみたいに。

すぐに自分の部屋にもどると、お線香のにおいがいっぱいだった。

朝になるまで布団で震えてた。

朝になると全身に力を込めていたせいか、足がしびれていた。

五月二日
きのうも怖い。足が変。

月　日
お母さんころすって言われた

月　日

月　日
今日がなん日かわからない。日記もひさしぶりに書く。Sさんに会いたい。もうここにいたくない。ノックはなくなった。けど夜になると部屋の中をぐるぐる動き回る。怖くて布団をかぶってみてない。ぐるぐる布団のまわりをぐるぐる。ここ、誰もいないと思っていたけどいっぱいいる。勝手に部屋に入ってくる。もうトイレも行けないから蒲団でするようになった。我慢できないからか怖いからかわからない。Sさんも来ない。何も食べてないからお腹すいた。お金はあるのに買いに行けない。シミ大きくなった。何かとおもったらシミは僕だった。おきたらいつも夜になってる。朝になるとやっと寝れる。足が痛くて立てなくなった。くさくなっているし、くさっているし。ほけんしょつくって病院行きたい。お母さんのたんじょうびなに買おうかな。こわい。来た。だれかたすけて。もういやです、お布団の中でこわくて震えていたら、頭なでてくれた、おかあさん。おかあさんかと思って見たら口から手がでている女の首こわい

「ここまでです、この気味悪い日記」

Sさんは煙草《たばこ》の火を潰しながらいった。

競売物件が売りにだされる前に、ひとを住ませて退去料をもらうというグレーな仕事だった。ところが住まわせた人間がいなくなった。

四月十四日に食料と食事代を渡しにいったが、そのとき「ちゃんとつけてるか?」と日記を読ませてもらった。

翌日、部屋にいくと誰もいなくて日記だけがあった。

「日記の最後の日、五月に入っているでしょう」

前日に読んだときより内容が増えていたし、布団がひどく汚れているのに驚いた。

「トロい男でしたが精神的にはまともだったんです。そうじゃないと頼みませんよ。ワケ

がわからない。あれからずっと、行方不明なんですよ」
その後、アパートは何事もなく売却、解体された。
その後、Sさんは彼を心配してなんとか実家をみつけだし連絡をした。
行方はつかめなかったが五月中旬に彼の母親が亡くなっていたことがわかった。

宝物

目を覚ました。

カーテンの合間から光が射していることだけを確認する。

部屋の入り口には食事が盆に載って置かれていたが、瞬きをするのも面倒くさいのに食欲などあるはずもない。今日は何日だろう、一瞬そう思ったがなにもかもがどうでもよくなり再び眠りに就いた。


「パパ！　おかえり！」

お土産《みやげ》を渡すとU子ちゃんは喜び、台所にいる奥さんに自慢しにいった。

Tさんはネクタイを外す。

シャツを脱ぎたかったがその間もなく、U子ちゃんはTさんのもとにもどってきて、今日あった出来事を機関銃のようにしゃべりだした。

小学校に入学してから一年以上経つのに、毎日のようにU子ちゃんは思ったことやその日あったことを細かく報告してくれた。

「今日ね、折り紙で遊んでん。これパパにあげる！」

折り紙で作られた小さな鶴だった。

いちばんいい色を選んでくれたのだろう、セットでも希少な金色の紙だ。

折り方は紙と紙とがずれることなく綺麗にあわさっており、年の割には上手いものだとTさんは感心した。

「上手に作ったね」

ほめると、U子ちゃんは八重歯をみせて嬉しそうに笑った。

「パパ、お仕事いつも、しんどくないように作ってん！」

台所では奥さんが料理を温めてくれていた。

手を動かしながら「おかえりなさい」といってくれる。

テーブルについたTさんは、何日か前から問題になっていた仕事が片付いたことを話した。

「大変だったけど、なんとかなったよ。いやあ、よかった」

「お疲れさまでした。はい、ビール」

注がれたビールを呑むと奥さんが「折り紙、もらった？」と聞いてきた。

Tさんは「うん。上手やな」と返事をして、手に持っていた鶴を改めてみる。

奥さんは誇らしげに、娘が一生懸命作っていたことを伝えながら、料理の盛りつけられた皿を並べていった。


お風呂に浸かりながら「パパ、大きいおっぱい好き?」と聞いてくる。

「どうして?」

妙な質問にTさんが聞きかえす。

「おっぱい大きくなるかな? 大きくなったら一回だけ触らせてあげるわ」

U子ちゃんが両手で自分の乳首を撫でる姿に、Tさんは大笑いした。


朝になって歯を磨いているとU子ちゃんがトコトコと歩いてきた。

「パパ、おはよう」

「はい、おはようございます」

Tさんは答えたが口の中の泡が邪魔で上手く発音できない。

U子ちゃんはその発音を笑いながら、

「おヒゲ、今日も剃るん?」

そういって歯ブラシに手を伸ばしながら聞いてきた。

「毎日、剃るで。ちゃんとせえへんとカッコ悪いやろ?」


再び目を覚ます。

まだ陽が射している時間だ。何時間経ったのだろうか。目を覚ますことも疑問に思う。覚めなければ死んでいるのと変わらない。もう何年間も生きていたくないと思っているのに、実際に死ぬことはできない。生きている意味なんてないのに。

手で鼻をさすると、長く伸びきったヒゲがてのひらにあたった。

「U子……」

ひと言つぶやくと、Tさんはまた目を閉じた。


昼前、若い社員がTさんのいる部署に飛びこんで、なにかを伝えた。

Tさんは青ざめた顔でテレビのある部屋にむかう。

映っていたのは混乱した現場と恐ろしい画面下のテロップだった。

〈通り魔、小学生多数を包丁で殺傷〉

見覚えがある風景、Tさんの住んでいる地元――。

手が痺れて口の中の水分がなくなっていくのがわかった。首筋に寒気が走り、膝が震えだす。さらに電話の報せがきていると聞いて、気を失いそうになった。

おそれていた通り、電話は泣きじゃくった奥さんからだった。

病院に着くとマスコミが大挙していた。

なんとかくぐり抜け奥さんをみつける。服も髪も乱れた奥さんは「いま、手術……」とまでいうと大声で泣きだした。同じように泣いている母親を支える父親、ひとり泣いている母親、顔を両手でおおっている父親。何度か逢ったことのある強面《こわもて》の父親もガタガタ震えていた。

非日常の光景が信じられず、Tさんの頭は真っ白になった。

待合室は誰かが泣く声でいっぱいだ。

「……U子ちゃんは胸、包丁で刺されたの」

奥さんの言葉に足の力が抜けてその場に崩れ落ちた。

そこからは手術の結果、お通夜、葬儀と続いていったが、Tさんにはところどころしか記憶がない。お互いの両親も家にきたが、会話も一切覚えてない。

記者たちが何度もインターホンを鳴らしたが、もう誰もでようとはしなかった。

お通夜のとき、孫の死を悲しむ祖母ふたりをみても頭は真っ白のままだった。

茶毘《だび》にふすとき、厳格なTさんの父親が顔をぐしゃぐしゃにして号泣していたのはすこし驚いた。

いつの間にか奥さんは実家に帰り、Tさんは仕事にいかなくなった。

一粒の涙も流さぬまま、寝て暮らす毎日。

両親は心配してTさんの家に住むようになった。

Tさんの母親は朝夜と食事を作って部屋の入り口に置いてくれた。

最初は食べる気がしなかったが、空腹がひどくなると無意識に手をつけているので気がむけば食べるようになった。食事を摂っている最中は自分が浅ましく思えて辛かった。

U子ちゃんが死んだら、自分は生きていけないと思っていたのに——線香のにおいが充満する家で死んでいないのがTさんは不思議でならなかった。


また目を覚ます。

ベッドから体を起こして座り、ため息をついた。

食事をしようかと思ったがおっくうで面倒くさい。

（はやく死にたい）

そう思いながら、ぼうっとカーペットをみていると小さな足が視界に入った。

顔をあげてみると、目の前に女の子がいる。

U子ちゃんだった。

Tさんは驚いて声がでない。

U子ちゃんは嬉しそうに手を伸ばしTさんのあごのヒゲを触った。

「……カッコ悪いわ。ちゃんとして」

そういいながらもう片方の手を差しだした。

そのてのひらには――小さな折り紙の鶴があった。

思い出される過去のささいな言葉、二度と帰ってこない大切な日々、残酷に奪われた未来、二度と逢えないと思っていた愛しい娘。目頭が熱くなり景色が歪み、鼓動が速まり胸が苦しい。

「U子……」

溢れだした涙は大粒となってこぼれ落ちていく。

惨劇で消えてしまったU子ちゃんがいま、目の前でにっこりと微笑んでいた。

Tさんは彼女を強く抱き締め、おうおうと大声をあげて泣いた。

「パパ」

U子ちゃんもTさんを抱き締めてくれた。

泣き声を聞いた母親がTさんの部屋に入って驚く。

「え、誰ッ」

母親の反応でTさんがもう一度みると、そこには見知らぬ女の子がきょとんとした表情で立っていた。


近所に住む子だった。

女の子はTさんの家になぜいたのかわからないと答えた。

家の前を通ったとき、なぜか入ってしまい、わからないまま部屋に入りTさんの前に立った。そのとき自分がなにをいったかも一切覚えていなかった。

ただ、Tさんには間違いなくU子ちゃんにみえていた。

母親は女の子を家まで連れていった。女の子のお母さんに事情を説明すると、むこうも首を捻《ひね》るばかりだった。むこうがハッキリといったのは「うちの子は折り紙で鶴など作れないはず」ということだった。

「あのころ人生が終わったと思っていました。娘とすごした大切な日々が嘘にならないように……懸命に生きていきます。再会させてくれたあの女の子にも感謝でいっぱいです」

恨みや絶望は悲しみしか生みませんから、とTさんは笑った。

現在、Tさんは再び奥さんと暮らしている。

綺麗に折られた二羽の小さな鶴が飾られた家で。

想い出

　ある夏、長期入院していたNさんの母親が亡くなった。

　母親は気立てがよく、困っているひとをみると無視できない性格だった。落とし物を一緒に探してあげたり、近所の子どもが自転車に乗る練習につきあったり。問題が解決したときは、ぱちぱち手を叩きながら一緒に喜ぶ女性であった。

　葬儀にはたくさんのひとが集まって彼女との別れを惜しむ。いちばん落ちこんでいたのはNさんの父親で、哀しみに満ちたようすはみていられなかった。

　すこしでも慰めたかったNさんは、葬儀が終わったあと父親とふたりで酒を呑みにいった。最初は黙って呑んでいた父親も酔いがまわってきて、母親と出逢ったときのこと、ふたりで遊びにいった場所のことをポツポツと話しだす。

　ため息を吐きながら「海が好きなおんなだったからな、母さん」と遠い目をした。

　母親のいちばんのお気に入りの海は、父親とふたりでいった旅行先ではなく、中学生のころ学校の行事でいった地元の浜辺だったという。

　みんなで抱きあい、手をつないだ母親の青春、想い出の海。

「よくいってたよ。楽しかったって……一度くらい、ふたりでいけばよかったな」

その海のことを子どものように話す、嬉しそうな母親をNさんも覚えていた。

『ふふっ。またいつかあの海にいきたい。本当に楽しい日だったわ』

そこでNさんは「こういうのはどう?」と父親に提案した。

母親の遺骨の一部をその海に持っていき、散骨するというアイディアだ。

「父さんは足が悪いからキツいだろ。オレがその海にいってくるからさ」

そう話すと父親は「そりゃいい、母さん喜ぶぞ」と笑ってくれた。


母親が中学生のころに住んでいたのは、関西にある海沿いの町。

休暇をとったNさんは、まずは母の通っていた中学校を探しはじめた。ついでに地元のひとたちに、この地方のことをいろいろと尋ねた。

特産品は種類が多く、全国でも有名な神社が近いこともあって、その関連の行事や物を地元のひとたちは親切に教えてくれたが――すこし妙なことがあった。

それはNさんの旅の目的地である海についてだった。「このへんでお勧めの海ってどこですかね?」といった海にかんする質問をすると、みんな態度が変わるのだ。

さっきまでニコニコしていた老人の顔がくもる。饒舌《じょうぜつ》だったおばさんは口を閉じてなにも喋らなくなる。なかには睨みつけてくるひともいたので情報がなかなか入ってこない。もしかしてなにか過去にあったのかもしれない。

Nさんはスマホで調べてみることにした。

その地方の名前と海を検索すると、水難事故の記事がたくさんでてきた。水泳の訓練中に起こったもので女子中学生たちが溺死した事故だ。離岸流にのまれてしまったという説が強いようだが、死者の数があまりにも多すぎる。だがこの事故のせいだというなら、住民たちが話したがらないのもなんとなくわかった。

記事のなかにNさんが探していた母親の中学校の名があった。まさかと思いながらも、Nさんはもうすこし調べてから、一度そこにむかってみることにした。

海水浴場というよりは、普通の海岸といった印象だった。

天気がいいのでとても凄惨な事故があったところとは思えない。しかし、母親の年齢や住んでいた時期、そして『学校の行事で』という言葉を考えると一致してしまう。事故のとき、まさに母親はこの海岸にいたように思えてきた。

もしそうならば、なぜ『本当に楽しい』想い出などといっていたのだろうか。

考えこむNさんのほうに、ゆっくりと老婆が歩いてきた。手に花を数束持っている。

それを海に投げるとブツブツとなにかをいい、海にむかって手をあわせた。

Nさんは「あの……」と老婆に話しかける。

「ここでむかしあった事故のことをご存知ですか？」

そう聞くと「知っとる」と老婆は答えた。

「みんな引きずりこまれたんや。ここは来んほうがええ。はやく帰り」

もしやこのひとは事故の生存者――母の同級生かもしれないと思った。

Nさんは母親の旧姓をいって「知ってますか？」と尋ねた。老婆は表情を変えずに「あのとき――手ぇ叩いて喜んでたわ」といって、その場を去っていった。

Nさんはすこし呆然としたあと、カバンに入れていた容器をとりだした。なかには骨壺から持ってきた母親の骨の一部が入っている。

それを浜辺から海に撒くと手もあわせずに帰っていった。


事故の生存者の証言として、ネットには次のような言葉が残っていた。

「手をつないでいた友人たちが次々と流されていった」「助かろうと友人や先生に抱きついた」「海中に防空頭巾をかぶった少女たちがいて足をつかまれた」

もう六十年以上前の事故である。

あとがき

一回目は上間さんの隠された趣味を書きました。ボツでした。二回目は竹書房の地下帝国に監禁されていたことを書きました。ボツでした。そしてこれが三回目のあとがきです。最初、編集さんは優しく仰ってくれました。「小芝居みたいなくだりマジ要らないから。あとがきなら好きなこと書いてもいいよ。誰も読まないだろうけど（笑）」

そのあとがきの直しも、三回目となるとちょっとイライラしてきたようです。笑顔で「お前さ、マジで殺○ぞ」といってくれました。

オブラートに包むための○の位置も、なんか間違えてますね。すみません。

皆さまお久しぶりです。怪談社の書記、伊計翼です。本格的に執筆をはじめて、そろそろ十年。ベストということで、初期に書いたのを読みかえして選んだのですが正直下手すぎて終わってますね。こんなのでよく何年も使ってくれたなって思います。

怪談を読みかえすと話に共通点が浮かんでくるのがわかり、面白かったです。それは「死者が生者に、どのような思いを持っているのか」という怪談作家特有の奇特な意味合いではありません。どちらかというと体験者の方々に対しての疑問です。

なんでこのひとたちは金縛りというものをすんなり受け入れてしまうのか。なんでこのひとたちは最後に気絶するんだろうか。なんでこのひとたちは気がつけば朝になってしまうのか。そこらへんです。

でも正直、最近になってやっとわかりました。起承転結がハッキリしない実話系の怪談は、そのほうが締めが良いからだったのです。例えば金縛りをまったく受け入れずに体験者の言葉をそのまま書いていたら、どうして躰が動かないんだ！　凄く怖い！　でやたらページを使ってしまいます。気絶したり、朝にならないと話はなかなか終わりません。これはもう一種の作法、形式だったんですね。読み手に流儀を押しつける厳しいジャンル。それを受け入れてくれる皆さんは、やはり愛に満ち溢れていると思います。

さて、怪談社は相変わらず元気にしております。最近はテレビ番組に出演したり、ユーチューブをアップしたりしていますが、語り手ふたりも老けてきました。糸柳寿昭（紗那）は白髪がコントロールできなくなり、長髪をやめました。上間月貴（紙舞）は前より恰幅がよくなり、着物が似合うようになりました。もうすぐ歯とか抜けて、お客さまに入れ歯を飛ばすような体験型怪談を披露する日もそこまできていると思います。

ぼくも元気です。なんとかのらりくらり暮らしています。おつきあいが長いかたも新しいかたも、皆さまいつもありがとうございます。がんばっていきましょう。

令和二年　コロナ禍の夏　伊計翼

初出

発覚　書き下ろし
黄色　書き下ろし
墓場の歌　（「うたごえ」改題）乙の章
確認しよう　（「せつな」改題）乙の章
いってきます　（「かぎふり」改題）乙の章
猫が好き　（「ねこちゃん」改題）乙の章
横にいる　（「ムオン」改題）乙の章
嗤う住人　（「イル」改題）乙の章
狭間　乙の章
泥棒がいる　（「怪催」改題）乙の章
店にいるおんな　（「開店」改題）乙の章
埃が舞っていた　（「埃舞」改題）乙の章
第五號室　乙の章
見つめる人形　（「箱・守護人形・怪放」改題）乙の章
開けるな！　（「まどのそと」改題）丙の章
道路の男の子　（「あぶない」改題）丙の章
明るい終末　（「ギュウドン」改題）丙の章
憑かれた妻　（「クロ」改題）丙の章
遺体の回収　（「パチリ」改題）丙の章
愛しいゆうれい　（「女」改題）丙の章
追いかけてくる足音　（「来音」改題）丙の章
錆神社　丙の章
贈り物　書き下ろし
あの話の真相　（「真相」改題）丙の章
写真　書き下ろし
あもん　丁の章

圧死寸前　（「だいじょうぶ」改題）丁の章
お祓いを頼む　（「ハライ」改題）丁の章
おんながいる　（「スゴイ」改題）丁の章
紹介　書き下ろし
熱いタクシー　（「的士怪談」改題）丁の章
病院の音　（「奇異音」改題）丁の章
無人のバイク　（「暴走」改題）丁の章
ダンスホール　（「踊館」改題）丁の章
端島の怪　（「光々」改題）丁の章
呪怨　丁の章
動物に愛情を　（「恐犬」改題）丁の章
祟り　書き下ろし
録音　書き下ろし
喧嘩した彼女　（「はさまる」改題）実話怪談師の恐怖譚
床下の壺　（「ことこと、と」改題）実話怪談師の恐怖譚
押入れから　（「おしいれから」改題）実話怪談師の恐怖譚
最後の言葉　（「ツタエノコシ」改題）実話怪談師の恐怖譚
砕けた顔　（「サンコクゲキ」改題）実話怪談師の恐怖譚
ラブホテルの子ども　（「ホテル」改題）実話怪談師の恐怖譚
樹海にある物　（「忘却樹海」改題）実話怪談師の恐怖譚
止まった時計　（「振子止了」改題）実話怪談師の恐怖譚
ランドセルを　（「願」改題）実話怪談師の恐怖譚
どうですか　書き下ろし
暗黒の夜　（「暗黒の夜」改題）実話怪談師の恐怖譚
宝物　（「嘘にならないように」改題）丁の章
想い出　書き下ろし

怪談社THE BEST 天の章

2020年9月4日　初版第1刷発行

著者　伊計 翼
企画・編集　中西如(Studio DARA)
発行人　後藤明信
発行所　株式会社 竹書房
〒102-0072 東京都千代田区飯田橋2-7-3
電話03(3264)1576(代表)
電話03(3234)6208(編集)
http://www.takeshobo.co.jp
印刷所　中央精版印刷株式会社

定価はカバーに表示しています。
落丁・乱丁本の場合は竹書房までお問い合わせください。

ISBN 978-4-8019-2382-9 C0193